ÉMILE VERHAEREN

Poèmes

LES BORDS DE LA ROUTE

LES FLAMANDES — LES MOINES

AUGMENTÉS DE PLUSIEURS POÈMES

PARIS

SOCIÉTÉ DV MERCVRE DE FRANCE

XV, RVE DE L'ÉCHAVDÉ-SAINT-GERMAIN, XV

M DCCC XCV

POÈMES

IL A ÉTÉ TIRÉ DE CET OUVRAGE :

Trois exemplaires
sur Japon impérial, numérotés 1 à 3, et douze exemplaires
sur Hollande van Gelder, numérotés 4 à 15.

JUSTIFICATION DU TIRAGE :

Droits de reproduction et de traduction réservés pour tous pays,
y compris la Suède et la Norvège.

ÉMILE VERHAEREN

POÈMES

LES BORDS DE LA ROUTE. LES FLAMANDES

LES MOINES

AUGMENTÉS DE PLUSIEURS POÈMES

PARIS
SOCIÉTÉ DV MERCVRE DE FRANCE
XV, RVE DE L'ÉCHAVDÉ-SAINT-GERMAIN, XV

M DCCC XCV

Tous droits réservés.

DU MÊME AUTEUR :

Les Flamandes, poésies *(épuisé)*	1 vol.
Contes de Minuit, en prose *(épuisé)*	1 plq.
Les Moines, poèmes *(épuisé)*	1 vol.
Les Soirs, poèmes *(épuisé)*	1 vol.
Les Débacles, poèmes *(épuisé)*	1 vol.
Les Flambeaux noirs, poèmes *(épuisé)* . . .	1 vol.
Au bord de la Route, vers et prose *(épuisé)* .	1 plq.
Les Apparus dans mes Chemins, poèmes . .	1 vol.
Les Campagnes hallucinées, poèmes . . .	1 vol.
Les Villages Illusoires, poèmes	1 vol.
Almanach (1895), poèmes	1 plq.

Critique :

Joseph Heymans, peintre *(épuisé)*	1 plq.
Fernand Khnopff *(épuisé)*	1 plq.

EN PRÉPARATION :

Les Villes tentaculaires, poèmes	1 vol.

LES BORDS DE LA ROUTE

1882-1894

A PAUL SIGNAC

DÉCORS TRISTES

LE GEL

Sous le fuligineux étain d'un ciel d'hiver,
Le froid gerce le sol des plaines assoupies,
La neige adhère aux flancs râpés d'un talus vert
Et par le vide entier grincent des vols de pies.

Avec leurs fins rameaux en serres de harpies,
De noirs taillis méchants s'acharnent à griffer,
Un tas de feuilles d'or pourrissent en charpies ;
On s'imagine entendre au loin casser du fer.

C'est l'infini du gel cruel, il incarcère
Notre âme en un étau géant qui se resserre,
Tandis qu'avec un dur et sec et faux accord

Une cloche de bourg voisin dit sa complainte,
Martèle obstinément l'âpre silence — et tinte
Que, dans le soir, là-bas, on met en terre un mort.

LES BRUMES

Brumes mornes d'hiver, mélancoliquement
Et douloureusement, roulez sur mes pensées
Et sur mon cœur vos longs linceuls d'enterrement
Et de rameaux défunts et de feuilles froissées
Et livides, tandis qu'au loin, vers l'horizon,
Sous l'ouatement mouillé de la plaine dormante,
Parmi les échos sourds et souffreteux, le son
D'un angelus lassé se perd et se lamente
Encore et va mourir dans le vide du soir,
Si seul, si pauvre et si craintif, qu'une corneille,
Blottie entre les gros arceaux d'un vieux voussoir,

A l'entendre gémir et sangloter, s'éveille
Et doucement répond et se plaint à son tour
A travers le silence entier que l'heure apporte,
Et tout à coup se tait, croyant que dans la tour
L'agonie est éteinte et que la cloche est morte.

SUR LA COTE

Un vent rude soufflait par les azurs cendrés,
Quand du côté de l'aube, ouverte à l'avalanche,
L'horizon s'ébranla dans une charge blanche
Et dans un galop fou de nuages cabrés.

Le jour entier, jour clair, jour sans pluie et sans brume,
Les crins sautants, les flancs dorés, la croupe en feu,
Ils ruèrent leur course à travers l'éther bleu,
Dans un envolement d'argent pâle et d'écume.

Et leur élan grandit encor, lorsque le soir,
Coupant l'espace entier de son grand geste noir,
Les poussa vers la mer, où criaient les rafales,

Et que l'ample soleil de Juin, tombé de haut,
Se débattit, sanglant, sous leur farouche assaut,
Comme un rouge étalon dans un rut de cavales.

(1884-85)

LES CORNEILLES

Le plumage lustré de satins et de moires,
Les corneilles, oiseaux placides et dolents,
Parmi les champs d'hiver, que la neige a fait blancs,
Apparaissent ainsi que des floraisons noires.

L'une marque les longs rameaux d'un chêne ami ;
Elle est penchée au bout d'une branche tordue,
Et, fleur d'encre, prolonge une plainte entendue
Par le tranquille écho d'un village endormi.

Une autre est là, plus loin, pleurarde et solitaire,
Sur un tertre maussade et bas comme un tombeau,

Et longuement se rêve en ce coin rongé d'eau,
Fleur tombale d'un mort qui dormirait sous terre.

Une autre encor, les yeux fixes et vigilants,
Hiératiquement, sur un pignon placée,
Reste à l'écart et meurt, vieille et paralysée,
Plante hiéroglyphique en fleur depuis mille ans.

Le plumage lustré de satins et de moires,
Les corneilles, oiseaux placides et dolents,
Parmi les champs d'hiver, que la neige a faits blancs,
Apparaissent ainsi que des floraisons noires.

VAGUEMENT

Voir une fleur là-bas, fragile et nonchalante,
En cadence dormir au bout d'un rameau clair,
En cadence, le soir, fragile et nonchalante,
Dormir; — et tout à coup voir luire au clair de l'air,
Luire, comme une pierre, un insecte qui danse,
Instant de nacre en fuite au long d'un rayon d'or;
— Et voir à l'horizon un navire qui danse
Sur ses ancres et qui s'enfle et tente l'essor,
Un navire lointain vers les grèves lointaines,
Et les îles et les hâvres et les départs
Et les adieux; — et puis, à ces choses lointaines,
A ces choses du soir confier les hasards :

Craindre si la fleur tombe ou si l'insecte passe
Ou s'il part le navire à travers vents, là-bas,
Vers la tempête et vers l'écume et vers l'espace
Danser, parmi la houle énorme, au son des glas...
Ton souvenir ! — et le mêler à ces présages,
A ce navire, à cet insecte, à cette fleur,
Ton souvenir qui plane, ainsi que des nuages,
Au couchant d'ombre et d'or de ma douleur.

(1886)

VÉNUS ARDENTE

En ce soir de couleurs, en ce soir de parfums,
Voici grandir l'orgueil d'un puissant crépuscule
Plein de flambeaux cachés et de miroirs défunts.
Un chêne avec colère, à l'horizon, s'accule
Et, foudroyé, redresse encor ses poings au ciel.
Le cadavre du jour flotte sur les pâtures
Et, parmi le couchant éclaboussé de fiel,
Planent de noirs corbeaux dans l'or des pourritures.

Et le cerveau, certes morne et lassé, soudain
S'éveille en ces heures de fastueux silence
Et resonge son rêve infiniment lointain,

Où la vie allumait sa rouge violence
Et, comme un grand brasier, brûlait la volonté.
Et le désir jappant et la ferveur torride
Ressuscitent le cœur mollassement dompté,
Et voici que renaît Vénus fauve et splendide,
Guerrière encor, comme aux siècles païens et clairs,
Qui l'adoraient en des fêtes tumultueuses,
Tandis qu'elle dressait, comme un pavois, ses chairs,
Pâle, le cou dardé, les narines fougueuses.

(1886)

LES CIERGES

Ongles de feu, cierges ! — Ils s'allument, les soirs,
Doigts mystiques dressés sur des chandeliers d'or,
A minces et jaunes flammes, dans un décor
Et de cartels et de blasons et de draps noirs.

Ils s'allument dans le silence et les ténèbres,
Avec le grésil bref et méchant de leur cire,
Et se moquent — et l'on croirait entendre rire
Les prières autour des estrades funèbres.

Les morts, ils sont couchés très longs dans leurs remords
Et leur linceul très pâle et les deux pieds dressés

En pointe et les regards en l'air et trépassés
Et repartis chercher ailleurs les autres morts.

Chercher ? Et les cierges les conduisent ; les cierges
Pour les charmer et leur illuminer la route
Et leur souffler la peur et leur souffler le doute
Aux carrefours multipliés des chemins vierges.

Ils ne trouveront point les morts aimés jadis,
Ni les anciens baisers, ni les doux bras tendus,
Ni les amours lointains, ni les destins perdus ;
Car les cierges ne mènent pas en paradis.

Ils s'allument dans le silence et les ténèbres,
Avec le grésil bref et méchant de leur cire
Et se moquent — et l'on entend gratter leur rire
Autour des estrades et des cartels funèbres.

Ongles pâles dressés sur des chandeliers d'or !

KATO

22

HOMMAGE

I

Pour y tasser le poids de tes belles lourdeurs,
Tes doubles seins frugaux et savoureux qu'arrose
Ton sang, tes bras bombés que lustre la peau rose,
Ton ventre où les poils roux toisonnent leurs splendeurs,

Je tresserai mes vers comme, au fond des villages,
Assis, au seuil de leur maison, les vieux vanniers
Mêlent les osiers bruns et blancs de leurs paniers,
En dessins nets, pris à l'émail des carrelages.

Ils contiendront les ors fermentés de ton corps;
Et je les porterai comme des fleurs de fête,

En tas massifs et blonds, au soleil, sur ma tête,
Orgueilleusement clair, comme il convient aux forts.

II

Ta grande chair me fait songer aux centauresses
Dont Paul Rubens, avec le feu de ses pinceaux,
Incendiait les crins au clair, les bras en graisse,
Les seins pointés vers les yeux verts des lionceaux.

Ton sang était le leur, alors qu'au crépuscule,
Sous tel astre mordant de soir le ciel d'airain,
Leur grande voix hélait quelque farouche Hercule
Que la nuit égarait dans le brouillard marin;

Et que les sens crispés d'ardeur vers les caresses,
Et le ventre toujours béant vers l'inconnu,
Leurs bras tordaient l'appel lascif vers les adresses
Des monstres noirs, lécheurs de rut, sur un corps nu.

III

Ce que je choisirais pour te symboliser,
Ce ne seraient ni lys, ni tournesols, ni roses
Ouvrant aux vents frôleurs leur corolle en baiser,
Ni les grands nénuphars dont les pulpes moroses

Et les larges yeux froids, chargés d'éternité,
Bâillent sur l'étang clair leurs rêves immobiles,
Ni le peuple des fleurs despotique et fouetté
De colère et de vent sur les grèves hostiles,

Non — Mais tout frémissant d'aurore et de soleil,
Comme des jets de sang se confondent par gerbes,
En pleine floraison, en plein faste vermeil,
Ce serait un massif de dahlias superbes,

Qui, dans l'automne en feu des jours voluptueux,
Dans la maturité chaude de la matière,
Comme de grands tétons rouges et monstrueux,
Se raidiraient sous les mains d'or de la lumière.

IV

Les forts montent la vie ainsi qu'un escalier,
Sans voir d'abord que les femmes sur leurs passages
Tendent vers eux leurs seins, leurs fronts et leurs visages
Et leurs bras élargis en branches d'espalier.

Ils sont les assoiffés de ciel, nocturne hallier,
Où buissonnent des feux en de noirs paysages,
Et si haut montent-ils, séduits par des présages,
Qu'ils parvienent enfin au suprême palier.

Ils y cueillent des fruits d'astres et de comètes;
Puis descendent, lassés de gloire et de conquêtes,
L'esprit déçu, les yeux ailleurs, les cœurs brûlés;

Et regardant alors les femmes qui les guettent,
Ils s'inclinent devant, à deux genoux, et mettent
Entre leurs mains en or les grands mondes volés.

(1892)

CANTIQUES

I

Je voudrais posséder pour dire tes splendeurs,
Le plain-chant triomphal des vagues sur les sables,
Ou les poumons géants des vents intarissables;

Je voudrais dominer les lourds échos grondeurs,
Qui jettent dans la nuit des paroles étranges,
Pour les faire crier et clamer tes louanges;

Je voudrais que la mer tout entière chantât,
Et comme un poids le monde élevât sa marée,
Pour te dire superbe et te dresser sacrée;

Je voudrais que ton nom dans le ciel éclatât,
Comme un feu voyageur et roulât, d'astre en astre,
Avec des bruits d'orage et des heurts de désastre.

II

Les pieds onglés de bronze et les yeux large ouverts,
Comme de grands lézards, buvant l'or des lumières,
Se traînent vers ton corps mes désirs longs et verts.

En plein midi torride, aux heures coutumières,
Je t'ai couchée, au bord d'un champ, dans le soleil;
Auprès, frissonne un coin embrasé de méteil,

L'air tient sur nos amours de la chaleur pendue,
L'Escaut s'enfonce au loin comme un chemin d'argent,
Et le ciel lamé d'or allonge l'étendue.

Et tu t'étends lascive et géante, insurgeant,
Comme de grands lézards buvant l'or des lumières,
Mes désirs revenus vers leurs ardeurs premières.

III

Et mon amour sera le soleil fastueux,
Qui vêtira d'été torride et de paresses
Les versants clairs et nus de ton corps montueux.

Il répandra sur toi sa lumière en caresses,
Et les attouchements de ce brasier nouveau
Seront des langues d'or qui lècheront ta peau.

Tu seras la beauté du jour, tu seras l'aube
Et la rougeur des soirs tragiques et houleux ;
Tu feras de clartés de splendeurs ta robe,

Ta chair sera pareille aux marbres fabuleux,
Qui chantaient, aux déserts, des chansons grandioses,
Quand le matin brûlait leurs blocs, d'apothéoses.

IV

Hiératiquement droit sur le monde, Amour !
Grand Dieu, vêtu de rouge en tes splendeurs sacrées,
Vers toi, l'humanité monte comme le jour,

Monte comme les vents et comme les marées ;
Nous te magnifions, Amour, Dieu jeune et roux,
Qui casse sur nos fronts tes éclairs de courroux,

Mais qui décoche aussi dans le fond de nos moelles,
L'électrique frisson au plaisir éternel,
Et nous te contemplons, sous ton ciel solennel,

Où des cœurs mordus d'or flambent au lieu d'étoiles,
Où la lune arrondit son orbe en sein vermeil,
Où la chair de Vénus met des lacs de soleil.

(1882)

AU CARREFOUR DE LA MORT

I

Hélas, ton corps! ô ma longue et pâle malade,
Ton pauvre corps d'orgueil parmi les coussins blancs!...
Les maux serrent en toi leur nerveuse torsade
Et vers l'éternité tournent tes regards lents.

Tes yeux, réservoirs d'or profond, tes yeux bizarres
Et doux, sous ton front plane, ont terni leurs ardeurs,
Comme meurent les soirs d'été dans l'eau des mares,
Mélancoliquement, dans tes grands yeux tu meurs.

Tes bras qui s'étalaient au mur de ta jeunesse,
Tel qu'un cep glorieux vêtu de vins et d'or,

Au long de tes flancs creux lignent leur sécheresse,
Pareils aux bras osseux et sarmenteux des morts.

Tes seins, bouquets de sève étalés sur ton torse,
Iles de rouge amour sur un grand lac vermeil,
Délustrés de leur joie et vidés de leur force,
Sèchent, eux que mon rut levait à son soleil.

Et maintenant, qu'aux jours de juin, pour te distraire,
On t'amène, là-bas, dans les jardins t'asseoir.
Dès qu'on t'assied dans l'herbe, je crois te voir
Tout lentement déjà t'enfoncer sous la terre.

II

A voir si pâle et maigre et proche de la mort,
Ta chair, ta grande chair, jadis évocatoire,
Et que les roux midis d'été feuillageaient d'or
Et grandissaient, mes yeux se refusent à croire

Que c'est à ce corps-là, léché, flatté, mordu,
Chaque soir, par les dents et l'ardeur d'une bête,

Que c'est à ces deux seins pâles que j'ai pendu
Mes désirs, mes orgueils et mes ruts de poète.

Et néanmoins je l'aime encore, quoique flétri,
Ce corps, horizon rouge ouvert sur ma pensée,
Arbre aux rameaux cassés, soleil endolori,
Ce corps de pulpe morte et de chair effacée,

Et je le couche en rêve au fond du bateau noir,
Qui conduisait jadis, aux temps chanteurs des fées,
Vers leurs tombeaux ornés d'ombre, comme un beau soir,
— Traînes au fil des eaux et robes dégrafées —

Les défuntes d'amour dont les purs yeux lointains
Brillent dans le hallier, les bois et dans les landes,
Et dont les longs cheveux d'argents et de satins,
Comme des clairs de lune, ardent dans les légendes.

Et comme elles, je veux te conduire à travers
Les fleuves et les lacs et les marais de Flandre,
Là-bas, vers les terreaux et les pacages verts
Et les couchants sablés de leur soleil en cendre,

Là-bas, vers les grands bois obscurs et pavoisés
Avec des grappes d'ombre et des fleurs de lumière,
Où les rameaux noueux se tordent enlacés
Dans un spasme muet de sève et de matière.

Et telle, une suprême et magnifique fois
Mon rêve aura songé ta beauté rouge et forte ;
Pauvre corps ! pauvre chair ! pauvre et douce voix
Morte !

III

La mort peindra ta chair de ce vieux ton verdâtre
Délicatement jaune et si fin, qu'on dirait
Qu'à travers le cadavre un printemps transparaît
Et qu'une lueur jeune en avive l'albâtre.

Et recueilli du cœur, des yeux et du cerveau,
Sentant pâlir en moi, comme un feu de lumière,
Le souvenir trop net de ta beauté plénière,
J'irai m'agenouiller devant ce corps nouveau.

Je lui dirai les grands versets mélancoliques
Que l'Eglise, ta mère, épand aux trépassés,
Et je lui parlerai de nos amours passés
Avec les mots fanés des lèvres catholiques.

Je fixerai dans mon esprit ses traits humains,
Ses yeux scellés au jour, au soleil, à la gloire,
Et rien n'effacera jamais de ma mémoire
La croix que sur ton cœur dessineront tes mains.

Et pour réaliser ton suprême souhait,
Le soir, dans la piété des chrétiennes ténèbres,
Je sortirai ton sein de ses voiles funèbres
Et je le baiserai tel que la mort l'a fait.

IV

Depuis que te voilà dissoute au cercueil sombre
Et que les vers se sont tordus dans ta beauté
Et que la pourriture habite avec ton ombre
Et mord en toi les nids de sa fécondité,

Qu'il fasse aurore ou soir, mon âme est douloureuse
Et stérile aux splendeurs des sites et des airs,
Le jour, ta forme est là, passante et vaporeuse,
La nuit, ton long fantôme emplit mes bras déserts.

Il m'apparaît dans un orgueil pâle et candide,
Debout, mais sèchement retouché par la mort,
Peignant je ne sais quoi de triste et de splendide
Dans le lissage en feu vivant de ses crins d'or.

Il me regarde et ses regards semblent des plaintes
D'un exilé lointain, doux et silencieux,
Et telle est la douleur de ses clartés éteintes,
Que, chaque soir, mes mains lui ferment les deux yeux.

(1892)

FRESQUES

LES VIEUX ROIS

Hommes stérilisés par des siècles d'ennui
Et de virginités posthumes et pourries :
Vos mains ? du fer ; vos cœurs ? du bronze et de la nuit.
Et vos ongles et vos deux yeux ? des pierreries.

Immobiles soleils, étincelants et noirs,
Assis sur des trônes d'ébène, armés de gloire
Et d'or. Masques rêveurs et grands comme les soirs,
Et calcinés comme les rocs d'un promontoire.

Vieillards redoutables et vieux comme les mers,
Qui regardez en vous pour voir toute la terre,

Qui n'interrogez point l'azur des cieux amers,
Et demeurez penchés sur votre seul mystère.

Les fers cruels flamboient et vous dardez comme eux,
Sous les mitres d'orgueil et sous les lances bleues,
Qui rayonnent vers vous leurs aciers vénéneux :
Et la terreur de votre front souffle à cent lieues.

Et vous restez muets, toujours. Un léopard
Lèche vos pieds bagués, et des femmes qu'on pare,
Pour vous distraire à les tuer d'un seul regard,
Tordent en vain vers vos désirs leur corps barbare.

Et votre cerveau sèche et demeure engourdi,
Lassé de visions de meurtre et de magie,
Et plus aucun vouloir en vous ne resplendit :
Et vous mourez tout seuls, un soir, dans une orgie.

(1888)

SOUS LES PRÉTORIENS

Les soirs ! voici les soirs de pourpre, évocateurs
De carnages et de victoires,
Quand se hèlent dans les mémoires
Les clairons fabuleux et les buccins menteurs.

Et regardez ! Dans la mobile obscurité
D'une salle immense, personne.
Un bourdon sonne,
A travers l'ombre rouge, avec mordacité !

Contre des murs de nuit, de grands soleils,
Soudain arborent des trophées ;

Les colonnes sont attifées
De cartouches soyeux et de lauriers vermeils.

L'orgueil des étendards coiffés d'alérions
Vaguement remue et flamboie ;
Un bas relief se creuse et se déploie
Où le granit se crispe en mufles de lions.

Un bruit de pas guerriers multiplié s'entend
Derrière un grand rideau livide :
Un trône est là, sanglant et vide...
Et le silence brusque et volontaire attend.

Mon rêve, enfermons-nous dans ces choses lointaines,
Comme en de tragiques tombeaux,
Grands de métaux et de flambeaux
Et de faisceaux tendus sous des lances hautaines.

(1887)

LÉGENDES

Les grands soleils cuivrés des suprêmes automnes
Tournent éclatamment dans un carnage d'or;
Mon cœur, où les héros des ballades teutones
Qui cornaient, par les bois, les marches de la Mort?

Ils passaient par les rocs, les campagnes, les hâvres,
Les burgs — et brusquement ils s'écroulaient, vermeils,
Saignant leurs jours, saignant leurs cœurs, puis leurs cadavres
Passaient dans la légende, ainsi que des soleils.

Ils jugeaient bien et peu la vie : une aventure;
Avec un mors d'orgueil, ils lui bridaient les dents;
Ils la mâtaient sous eux comme une âpre monture
Et la tenaient broyée en leurs genoux ardents.

Ils chevauchaient fougueux et roux — combien d'années?
Crevant leur bête et s'imposant au Sort;
Mon cœur, oh, les héros des ballades fanées,
Qui cornaient, par les bois, les marches de la Mort!

(1888)

LES PREUX

En un très vieux manoir, avec des javelots
Et des pennons lancéolés sur ses murailles,
Une rage de bataille
Rouge éclatait en tableaux.

Grandir! on y voyait les féroces ramures
De la mêlée, où des paladins merveilleux,
Avec du soir au fond des yeux,
Tombaient, allongés morts en leurs châsses d'armures.

Hélas! tous ces cerveaux qui rêvèrent de gloire,
Fendus! et tous ces poings, coupés! traceurs d'éclairs,

Avec, dans l'air, leurs glaives clairs
Et leurs aigles de casque éployés dans l'Histoire.

Hélas ! et la débâcle à travers leurs maisons,
Le deuil de la débâcle en des nuits de tueries,
Et les funèbres sonneries
Cassant la destinée en or de leurs blasons.

Pourtant, qu'ils soient tombés en corps-à-corps ardents,
Ramus de force et les dix doigts onglés de haine
Et la bouche folle et soudaine
Et le sang frais marbrant leurs dents,

Et contre la forêt fourmillante de lances
Qui s'avançait, qu'ils aient, le désespoir au clair,
Lourdes masses d'ombre et de fer,
Terribles bras d'acier, cogné leurs violences,

Qu'importe alors ! — ils ont senti la joie unique
D'exprimer l'être humain en sa totalité
De hargne et de brutalité,
Jusqu'au tressaut dernier de la mort tétanique !

(1889)

SOIR DE CAVEAU

Des torchères dont la clarté ne bouge
Brûlent depuis les loins des jours, toujours,
Parmi la cruauté de ce caveau voûté,
D'ébène immense et lambrissé d'or rouge.

Les supplices d'acier et les meurtres d'airain
S'y souviennent : Néron, Procuste et Louis onze,
— Regards de proie, ongles de bronze,
Clous et tenailles dans leur main —

Un luxe vieux de métaux noirs habille
Le solennel granit d'un fût assyrien,

Érigé là, pour ne soutenir rien
Que les siècles et leur douleur indébile.

Soudain, sur ce pilier — ainsi qu'un ostensoir
Lamentable, là-bas, qui s'éclaire lui-même —
Masque de cire en un nuage blême,
Mon front surgit de souffrance et de soir :

— Bouche de cris tordus en muette prière,
Cheveux tristes d'orgueil fauché,
Chair seule, et, par le col tranché,
D'intermittents caillots de sang et de lumière —

Mon front, hélas ! celui si pâle de ma mort
En ces caveaux immobiles d'or rouge,
Où plus jamais — sinon mes yeux — flamme ne bouge
Pour regarder ce faste en fer de ma mort.

(1891)

ARTEVELDE

La mort grande, du fond des sonnantes armoires
De l'orgue, érige, en voix de gloire immensément,
Vers les voûtes, le nom du vieux Ruwaert flamand
Dont chaque anniversaire exalte les mémoires.

Superbe allumeur d'or parmi les incendies,
Les carnages, les révoltes, les désespoirs,
Le peuple a ramassé sa légende, les soirs,
A la veillée, et la célèbre en recordies.

Avec un nœud d'éclairs il les tenait, ses Flandres,
Un nœud de volonté — son poing comme un beffroi

Debout dans la colère aimantait de l'effroi
Et s'abattait, et les cages devenaient cendres.

Les rois, il les prostrait devant son attitude,
Impérieux, ayant derrière lui, là-bas,
Et le peuple des cœurs et le peuple des bras
Tendus ! Il était fort comme une multitude.

Et son âme voyait son âme et ses pensées
Survivre et s'allumer par au delà son temps,
Torche première ! et vers les avenirs flottants
Tordre ses feux, ainsi que des mains convulsées.

Il se sentait miraculeux. Toute sa tête
S'imposait à l'obstacle. Il le cassa sous lui,
Jusqu'au jour où la mort enlinceula de nuit
Son front silencieux de force et de tempête.

Un soir, il disparut tué comme un roi rouge.
En pleine ville ardente et révoltée, un soir.

LA NUIT

Depuis que dans la plaine immense il s'est fait soir,
Avec de lourds marteaux et des blocs taciturnes,
L'ombre bâtit ses murs et ses donjons nocturnes
Comme un Escurial revêtu d'argent noir.

Le ciel prodigieux domine, embrasé d'astres,
— Voûte d'ébène et d'or où fourmillent des yeux —
Et s'érigent, d'un jet, vers ce plafond de feux,
Les hêtres et les pins, pareils à des pilastres.

Comme de blancs linceuls éclairés de flambeaux,
Les lacs brillent, frappés de lumières stellaires,
Les champs, ils sont coupés, en clos quadrangulaires,
Et miroitent, ainsi que d'énormes tombeaux.

Et telle, avec ses coins et ses salles funèbres,
Tout entière bâtie en mystère, en terreur,
La nuit paraît le noir palais d'un empereur
Accoudé quelque part, au loin, dans les ténèbres.

APREMENT

I

Dans leur cadre d'ébène et d'or
Les personnages d'Anton Mor
Persécutent de leur silence.

Ils vous imposent leurs pensers,
Ce n'est pas eux que vous fixez,
Mais ce sont eux qui vous commandent.

Masques terreux, visages durs,
Serrés dans leurs secrets obscurs,
Et leur austérité méchante.

Haute allure, maintien cruel,
Orgueil rigide et textuel :
Barons, docteurs et capitaines.

Leurs doigts sont maigres et fluets :
Ils fignoleraient des jouets
Et détraqueraient des empires.

Ils cachent sous leurs fronts chétifs
Les fiers vouloirs rebarbatifs
Et les vices des tyrannies;

Et les ennuis de leurs cerveaux,
Scellés comme d'obscurs caveaux
Aux banals soleils de la vie;

Et le caprice renaissant
De voir du sang rosir le sang
Séché trop vite aux coins des ongles !

II

Sur le bloc de granit ancien, mordu de fer,
Une idole est debout — le mystère la masque :
Un diamant se mêle à la nuit de son casque ;

Sur le bloc de granit ancien, mordu de fer,
Elle impose, là-bas, son dardement de pierre,
Sans que depuis mille ans ait bougé sa paupière ;

Sur le bloc de granit ancien, mordu de fer,
Le chef qui se prolonge, ainsi que des murailles,
Redresse immensément un front de funérailles ;

Sur le bloc de granit ancien, mordu de fer,
Les deux seins noirs, pareils à deux lunes funèbres,
Laissent deux baisers froids tomber en des ténèbres ;

Sur le bloc de granit ancien, mordu de fer,
Les hauts bras étendus dont les mains sont coupées,
Tendaient pour les vaincus l'orgueil droit des épées ;

Sur le bloc de granit ancien, mordu de fer,
Le ventre, enguirlandé d'une toison virile,
Reluit lividement, magnifique et stérile,
Sur le bloc de granit ancien, mordu de fer.

(1888)

LA GRILLE

Avec de la fureur et du métal tordu
Et du soleil sauvage et de l'ombre, la grille
Comme une bête en fer fourmilleusement brille
Et se hérisse et fend le dallage fendu
Et, transversalement, coupe les stalles fières.
Buissons de dards, fleurs d'aiguilles, bouquets de pointes,
Lances d'acier, faisceaux de morsures — disjointes
Et plus cruelles ainsi sur les barres altières.

Au fond, le tabernacle est imposé, vainqueur,
Et l'ostensoir fulgure et la grille qui mord
Paraît, entre ses dents, broyer des choses d'or
Quand on voit à travers étinceler le chœur.

Et mâchoire pour les souffrances et langues
Et crocs et tenailles pour les peines, et pal
Pour les remords et les péchés, et crucial
Autel pour les frayeurs et les crimes exsangues ;
Suspendez-y vos cœurs et vos sanglots, chrétiens,
Et vos amertumes et vos espoirs anciens
Et vos rêves de ciel — et la grille qui mord
Paraît, entre les dents, broyer ces choses d'or.

(1888)

OBSCURÉMENT

Obscurément : ce sont de fatales tentures
Où griffes de lion et d'aigle et gueules d'ours
Et crocs et becs ; ce sont de roides contractures
Et des spasmes soudains au long de rideaux lourds.

Obscurément : un Achille de granit noir
Se rue en son amour et piétine son socle :
Sa peau de pierre allume éclair en un miroir,
Et l'on entend craquer les reins du beau Patrocle.

Obscurément : marteaux cassés ! mortes les heures !
Un soir immensément oppresse et s'établit ;
Et rien de Dieu n'ira jamais vers ces demeures
Clouer ses bras en croix, dans l'ombre, où sur un lit,

Obscurément, et nue, et, sous les langues d'or
D'un grand flambeau tordu comme un rut de sirènes,
Le ventre vieux et mort, Gamiani détord
Avec ses doigts d'hiver ses lèvres souterraines.

LES HORLOGES

La nuit, dans le silence en noir de nos demeures,
Béquilles et bâtons, qui se cognent, là-bas;
Montant et dévalant les escaliers des heures,
Les horloges, avec leurs pas;

Emaux naïfs derrière un verre, emblèmes
Et fleurs d'antan, chiffres et camaïeux,
Lunes des corridors vides et blêmes
Les horloges, avec leurs yeux;

Sons morts, notes de plomb, marteaux et limes,
Boutique en bois de mots sournois

Et le babil des secondes minimes,
Les horloges, avec leurs voix;

Gaines de chêne et bornes d'ombre,
Cercueils scellés dans le mur froid,
Vieux os du temps que grignotte le nombre,
Les horloges et leur effroi;

Les horloges
Volontaires et vigilantes,
Pareilles aux vieilles servantes
Boitant de leurs sabots ou glissant sur leurs bas,
Les horloges que j'interroge
Serrent ma peur en leur compas.

MINUIT BLANC

Dalles au fond des lointains clairs et lacs d'opales,
Pendant les grands hivers, lorsque les nuits sont pâles
Et qu'un autel de froid s'éclaire au chœur des neiges !

Le gel se râpe en givre ardent à travers branches,
Le gel ! — et de grandes ailes qui volent blanches
Font d'interminables et suppliants cortèges
Sur fond de ciel, là-bas, où les minuits sont pâles.
Des cris immensément de râle et d'épouvante
Hèlent la peur, et l'ombre, au loin, semble vivante
Et se promène, et se grandit sur ces opales
De grands miroirs. — Oh ! sur ces lacs de minuits pâles,
Cygnes clamant la mort, les êtes-vous, ces âmes,
Qui vont prier en vain les blanches Notre-Dames ?

4.

PARABOLE

Parmi l'étang d'or sombre
Et les nénuphars blancs,
Un vol passant de hérons lents
Laisse tomber des ombres.

Elles s'ouvrent et se ferment sur l'eau
Toutes grandes, comme des mantes;
Et le passage des oiseaux, là-haut,
S'indéfinise, ailes ramantes.

Un pêcheur grave et théorique
Tend vers elles son filet clair,
Ne voyant pas qu'elles battent dans l'air
Les larges ailes chimériques,

Ni que ce qu'il guette, le jour, la nuit,
Pour le serrer en des mailles d'ennui,
En bas, dans les vases, au fond d'un trou,
Passe dans la lumière, insaisissable et fou.

(1894)

LA BARQUE

Il gèle et des arbres pâlis de givre clair
Montent au loin, ainsi que des faisceaux de lune ;
Au ciel purifié, aucun nuage ; aucune
Tache sur l'infini silencieux de l'air.

Le fleuve où la lueur des astres se réfracte
Semble dallé d'acier et maçonné d'argent ;
Seule une barque est là, qui veille et qui attend,
Les deux avirons pris dans la glace compacte.

Quel ange ou quel héros les empoignant soudain
Dispersera ce vaste hiver à coups de rames
Et conduira la barque en un pays de flammes
Vers les océans d'or des paradis lointains ?

Ou bien doit-elle attendre à tout jamais son maître,
Prisonnière du froid et du grand minuit blanc,
Tandis que des oiseaux libres et flagellant
Les vents, volent, là-haut, vers les printemps à naître ?

LES PAROLES MORNES

DES SOIRS

I

Sur mes livres éteints, où comme en un miroir
J'ai reflété mon cœur lassé, mon cœur du soir,
Après un jour vécu sans gloire et sans vaillance,
Lampes immobiles, larmez, dans le silence,
Vos feux pour le sommeil qui vient, torpidement,
Clore mes yeux fanés et mon attristement;
Lampes, brûlez, durant des heures et des heures
Encor, inutiles pour tous, mais les meilleures
Pour le rêve veiller — dont mon esprit, hélas!
Au clair sonnant matin ne se souviendra pas.

II

Sous les vitres du hall nitreux que le froid fore
Et vrille et que de mats brouillards baignent de vair,
Un soir, en tout à coup de gel, s'ouvre l'hiver,
Dans le foyer, fourbi de naphte et de phosphore

Qui brûle : et le charbon pointu se mousse d'or
Et le posthume été dans l'or se réitère ;
Il émeraude un bol, il enturquoise un verre
Et multiplie en chatons d'or son âme encor.

Par à travers ce feu qui le détruit, sa joie
Est de faire des fleurs parmi les lustres, vivre !
Et d'allumer sa mort comme une fête. Au loin,

Lorsque tonne l'automne et que le vent disjoint
On serre en nœud ses poings et que gratte le givre...
O cette mort que l'on torture et qui flamboie !

(1888)

SAIS-JE OU ?

C'est quelque part en des pays du Nord — le sais-je ?
C'est quelque part sous des pôles aciéreux,
Où les blancs ongles de la neige
Griffent des pans de roc nitreux.

Et c'est grand gel — reflété brusquement
En des marais d'argent dormant ;
Et c'est givre qui grince et pince
Les lancettes d'un taillis mince.

Et c'est minuit ainsi qu'un grand bloc blanc,

Sur les marais d'argent dormant,
Et c'est minuit qui pince et grince
Et, comme une grande main, rince
Les cristaux froids du firmament.

Et c'est en ce lointain nocturne,
Comme une cloche taciturne
Qui tait son glas, mortellement.

Et c'est encore grand'messe de froid
Et de drèves comme en cortège...
C'est quelque part en un très vieux pays du Nord, — le sais-je ?
Mais c'est vraiment dans un vieux cœur du Nord — en moi.

(1890)

COMME TOUS LES SOIRS

Le vieux crapaud de la nuit glauque
Vers la lune de fiel et d'or,
C'est lui, là-bas, dans les roseaux,
La morne bouche à fleur des eaux,
Qui rauque.

Là-bas, dans les roseaux,
Ces yeux immensément ouverts
Sur les minuits de l'univers,
C'est lui, dans les roseaux,
Le vieux crapaud de mes sanglots.

Quand les taches des stellaires poisons
Mordent le plomb des horizons
— Ecoute, il se râpe du fer par l'étendue —
C'est lui, cette toujours voix entendue,
Là-bas dans les roseaux.

Monotones, à fleur des eaux,
Monotones, comme des gonds,
Monotones, s'en vont les sons
Monotones, par les automnes.

Les nuits ne sont pas assez longues
Pour que tarissent les diphthongues,
Toutes les mêmes, de ces sons,
Qui se frôlent comme des gonds.

Ni les noroits assez stridents,
Ni les hivers assez mordants
Avec leur triple rang de dents,
Gel, givre et neige,
Afin que plus ne montent en cortège
Les lamentables lamentos
Du vieux crapaud de mes sanglots.

(1889)

L'HEURE MAUVAISE

Depuis ces temps troublés d'adieux et de retours
Et de soudaine lassitude
D'être celui qui va, cerné de solitude,
Mes jours toujours plus lourds s'en vont roulant leur cours.

J'avais foi dans ma tête ; elle était ma hantise.
Et mon entêtement — haine et splendeur — vermeil,
Où s'allumait l'intérieur soleil,
Dardait contre le bloc de roc de la bêtise.

De vivre ainsi hautement, j'avais
Muette joie à me sentir et seul et triste,
Ne croyant plus qu'à ma perdurance d'artiste
Et à l'œuvre que je rêvais.

Celle qui se levait tranquille et douce et bonne
Et s'en allait par de simples chemins,
Vers les foyers humains,
Où l'on pardonne.

Ah! comme il fut plombant ce soir d'opacité,
Quand mon âme minée infiniment de doutes,
En tout à coup d'arbre à terre barra mes routes
Et lézarda, craquement noir, ma volonté.

A tout jamais mortes, mes fermetés brandies !
Mes poings ? flasques; mes yeux ? fanés ; mes orgueils ? serfs;
Mon sang coulait péniblement jusqu'à mes nerfs
Et comme des suçoirs gluaient mes maladies.

Et maintenant que je m'en vais vers le hasard...
Dites, le vœu qu'en un lointain de sépulture,
Comme un marbre brûlé de gloire et de torture,
Rouge éternellement se crispera mon art !

(1887)

LES RIDEAUX

Sur mes rideaux comme des cieux,
Les chimères des broderies
Tordent un firmament silencieux ;
Les chimères des railleries.

Elles flagellent de leurs queues
La paix plane des laines bleues
Et le sommeil des laines tombantes et lentes
Sur les dalles,
Mais aussi sur mon cœur.

En ces plaines de laines,
Dites, me bâtirai-je un asile aux douleurs?

Les douces les bonnes laines comme des mains,
Réchaufferaient les cœurs
Que froidissent les pleurs humains.

Les douces, les bonnes laines sont sûres :
Elles feraient le tour de nos blessures
Et nous seraient l'apaisement
De nos tourments,
Brusques, n'étaient ces railleries
Des chimères des broderies
Et leurs langues perforant l'air
Et leurs ongles et l'or au clair
De leurs ailes diamantaires.

Sur mes lentes tapisseries
Les chimères de haine et de méchanceté
Sont des buissons en pierreries.

Elles dardent la cruauté des yeux,
Qui m'ont troué de leurs regards,

Aux jours d'erreurs et de hasards ;
Elles ont des ongles aigus et lents
Et leurs caprices sont volants
Comme des feux à travers cieux ;
Bêtes de fils et de paillettes,
Faites de stras et de miettes
Et de micas de nacre et d'or,
Dites comme j'ai peur de leur essor
Et crainte et peur de leurs yeux,
Couleur d'éclair parmi la mer !

A quoi riment les tissus et les laines
Pour les douleurs et pour les peines ?
Les lentes laines pour les peines ?

Je sais de vieux et longs rideaux,
Avec des fleurs et des oiseaux,
Avec des fleurs et des jardins
Et des oiseaux incarnadins ;
De beaux rideaux si doux de joie,
Aux mornes fronts profonds
Qu'on roule en leurs baisers de soie.

Les miens, ils sont hargneux de leurs chimères,

Ils sont, mes grands rideaux, couleur de cieux,
Un firmament silencieux
De signes fous et de haines ramaires.

A quoi riment leurs traînes et leurs laines ?
Mon âme est une proie
Avec du sang et de grands trous
Pour les bêtes d'or et de soie ;
Mon âme, elle est béante et pantelante,
Elle n'est que loques et déchirures
Où ces bêtes, à coupables armures
D'ailes en flamme et de rostres ouverts,
Mordent leur faim par au travers.

A quoi riment les tissus et les laines
Pour y rouler encor mes peines ?

Les jours des douleurs consolées,
Avec des mains auréolées,
Et la pitié comme témoin,
Ces jours de temps lointains, comme ils sont loin !

Mon âme est désormais : celle qui s'aime,
A cause de sa douleur même,
Qui s'aime en ces lambeaux

Qu'on arrache d'elle en drapeaux
De viande rouge.

Les chimères de soie et d'or qui bouge,
Qu'elles griffent les laines
De mes rideaux à lentes traînes,
Il est trop tard pour que ces laines
Me soient encore ainsi qu'haleines.

(1892)

VERS

Rayures d'eau, longues feuilles couleur de brique,
Par mes plaines d'éternité comme il en tombe !
Et de la pluie et de la pluie — et la réplique
D'un gros vent boursouflé qui gonfle et qui se bombe
Et qui tombe, rayé de pluie en de la pluie.

— Il fait novembre en mon âme —
Feuilles couleur de ma douleur, comme il en tombe !

Par mes plaines d'éternité, la pluie
Goutte à goutte, depuis quel temps, s'ennuie,

— Il fait novembre en mon âme —
Et c'est le vent du Nord qui clame
Comme une bête dans mon âme.

Feuilles couleur de lie et de douleur,
Par mes plaines et mes plaines comme il en tombe ;
Feuilles couleur de mes douleurs et de mes pleurs,
Comme il en tombe sur mon cœur !

Avec des loques de nuages,
Sur son pauvre œil d'aveugle
S'est enfoncé, dans l'ouragan qui meugle,
Le vieux soleil aveugle.

— Il fait novembre en mon âme —

Quelques osiers en des mares de limon veule
Et des cormorans d'encre en du brouillard,
Et puis leur cri qui s'entête, leur morne cri
Monotone, vers l'infini !

— Il fait novembre en mon âme —

Une barque pourrit dans l'eau,
Et l'eau, elle est d'acier, comme un couteau,
Et des saules vidés flottent, à la dérive,
Lamentables, comme des trous sans dents en des gencives.

— Il fait novembre en mon âme —

Il fait novembre et le vent brame
Et c'est la pluie, à l'infini,
Et des nuages en voyages
Par les tournants au loin de mes parages
— Il fait novembre en mon âme —
Et c'est ma bête à moi qui clame,
Immortelle, dans mon âme !

(1891)

SONNET

Par les pays des soirs, au nord de ma tristesse,
Mous d'automne, le vent se pleure en de la pluie
Et m'angoisse soudain d'une nuée enfuie,
Avec un geste au loin d'âpre scélératesse.

Est-ce la mort qu'annoncerait la prophétesse,
Au fond de ce grand ciel d'octobre où je m'ennuie
— Depuis quel temps ? — à suivre un vol d'oiseaux de suie
Tourner dans l'infini leur si même vitesse ?

Attendre et craindre d'être ! Et voir, en attendant
Toujours le même rêve, en l'air moite et fondant,
Avec ces cormorans de deuil curver des lignes,

Le soir, quand le pêcheur lassé de la douleur,
Celui dont la nuée interprète les signes,
Pêche de la rancune en les bas-fonds du cœur.

(1891)

LA-BAS

Calmes voluptueux, avec des encensoirs
Et des rythmes lointains par le soir solitaire,
Claire heure alanguissante et fondante des soirs,
Le soir sur des lits d'or s'endort avec la terre,
Sous des rideaux de pourpre, et longuement se tait !

Calmes voluptueux, avec de grands nuages,
Et des îles de nacre et des plages d'argent
Et des perles et des coraux et le bougeant
Saphir des étoiles, à travers les feuillages,
Et de roses odeurs et des roses de lait,
Pour s'en aller vers les couchants et se défaire
De soi, comme une fin lente de jour, un jour,
En un voyage ardent et mol comme l'amour
Et légendaire ainsi qu'un départ de galère !

(1888)

SILENCIEUSEMENT

En un plein jour, larmé de lampes,
Qui brûlent en l'honneur
De tout l'inexprimé du cœur,
Le silence, par un chemin de rampes,
Descend vers ma rancœur.
Il circule très lentement
Par ma chambre d'esseulement;
Je vis tranquillement en lui;
Il me frôle de l'ombre de sa robe;
Parfois, ses mains et ses doigts d'aube
Closent les yeux de mon ennui.

Nous nous écoutons ne rien dire.

Et je rêve de vie absurde et l'heure expire.

Par la croisée ouverte à l'air, des araignées
Tissent leur tamis gris, depuis combien d'années?

Saisir le va-et-vient menteur des sequins d'or
Qu'un peu d'eau de soleil amène au long du bord,
Lisser les crins du vent qui passe,
Et se futiliser, le cœur intègre,
Et plein de sa folie allègre,
Regarder loin, vers l'horizon fallace,
Aimer l'écho, parce qu'il n'est personne;
Et lentement traîner son pas qui sonne,
Par les chemins en volutes de l'inutile.
Etre le rais mince et ductile
Qui se repose encor dans les villes du soir,
Lorsque déjà le gaz mord le trottoir.
S'asseoir sur les genoux de marbre
D'une vieille statue, au pied d'un arbre,
Et faire un tout avec le socle de granit,
Qui serait là, depuis l'éternité, tranquille,
Avec, autour de lui, un peu de fleurs jonquille.
Ne point saisir au vol ce qui se définit;

Passer et ne pas trop s'arrêter au passage;
Ne jamais repasser surtout; ne savoir l'âge
Ni du moment, ni de l'année — et puis finir
Par ne jamais vouloir de soi se souvenir !

(1889)

UN SOIR

Avec les doigts de ma torture
Gratteurs de mauvaise écriture,
Maniaque inspecteur de maux,
J'écris encor des mots, des mots...

Quant à mon âme, elle est partie.

Morosement et pour extraire
L'arrière-faix de ma colère,
Aigu d'orgueil, crispé d'effort,
Je râcle en vain mon cerveau mort.

Quant à mon âme, elle est partie.

Je voudrais me cracher moi-même,
La lèvre en sang, la face blême :
L'ivrogne de son propre moi
S'eructerait en un renvoi.

Quant à mon âme, elle est partie.

Homme las de rage, qui rage
D'être lassé de son orage,
La vie en lui ne se prouvait
Que par l'horreur qu'il en avait.

Quant à mon âme, elle est partie.

Mes poings ont tordu dans le livre
L'intordable fièvre de vivre ;
Ils ne l'ont point tordue assez
Bien que mes poings en soient cassés.

Quant à mon âme, elle est partie.

Le han du soir suprême, écoute !
S'entend là-bas sur la grand'route ;
Clos tes volets — c'est bien fini
Le mors-aux-dents vers l'infini.

(1888)

QUELQUES-UNS

Plus loin que les soleils, une ville d'ébène
Se dresse et mire énormément en leur cerveau
Son deuil et sa grandeur de morte ou de caveau.
La terre ? elle a passé. Le ciel ? se voit à peine.
Et de l'ombre toujours, immensément toujours.
Un horizon d'ivoire y traîne des suaires
Sur des monts soulevés en tertres mortuaires
Qui n'ont plus souvenir de ce qui fut les jours.
Et des passants muets marchent dans les soirs blêmes,
Hommes pleins de douleurs, vieux de tristesse, seuls.

Ils ont plié leurs ans ainsi que des linceuls ;
Ils sont les revenus de tout, même d'eux-mêmes ;

Les vices leur sont noirs, mais aussi les vertus ;
Leurs cœurs saignés à blanc et leurs ardeurs matées,
Ils travaillent à vivre indulgemment athées.
Leurs yeux qui se parlaient encore, ils les ont tus ;
Et maintenant plus rien en eux jamais ne bouge ;
Ni les désirs, ni les regrets, ni les effrois ;
Ils n'ont plus même, hélas ! le grand rêve des Croix
Ni le dernier espoir tendu vers la mort rouge.

(1887)

LES FLAMANDES

1883

A LÉON CLADEL

LES VIEUX MAITRES

Dans les bouges fumeux où pendent des jambons,
Des boudins bruns, des chandelles et des vessies,
Des grappes de poulets, des grappes de dindons,
D'énormes chapelets de volailles farcies,
Tachant de rose et blanc les coins du plafond noir,
En cercle, autour des mets entassés sur la table,
Qui saignent, la fourchette au flanc dans un tranchoir,
Tous ceux qu'auprès des brocs la goinfrerie attable,
Craesbeke, Brakenburgh, Teniers, Dusart, Brauwer,
Avec Steen, le plus gros, le plus ivrogne, au centre,
Sont réunis, menton gluant, gilet ouvert,
De rires plein la bouche et de lard plein le ventre.

Leurs commères, corps lourds où se bombent les chairs
Dans la nette blancheur des linges du corsage,
Leur versent à jets longs de superbes vins clairs,
Qu'un rais d'or du soleil égratigne au passage,
Avant d'incendier les panses des chaudrons.
Elles, ces folles, sont reines dans les godailles,
Que leurs amants, goulus d'amours et de jurons,
Mènent comme au beau temps des vieilles truandailles,
Tempes en eau, regards en feu, langue dehors,
Avec de grands hoquets, scandant les chansons grasses,
Des poings brandis au clair, des luttes corps à corps
Et des coups assénés à broyer leurs carcasses,
Tandis qu'elles, le sang toujours à fleur de peau,
La bouche ouverte aux chants, le gosier aux rasades,
Après des sauts de danse à fendre le carreau,
Des chocs de corps, des heurts de chair et des bourrades,
Des lèchements subis dans un étreignement,
Toutes moites d'ardeurs, tombent dépoitraillées.
Une odeur de mangeaille au lard, violemment,
Sort des mets découverts; de larges écuellées
De jus fumant et gras, où trempent des rôtis,
Passant et repassant sous le nez des convives,
Excitent, d'heure en heure, à neuf, leurs appétits.
Dans la cuisine, on fait en hâte les lessives

De plats vidés et noirs qu'on rapporte chargés,
Des saucières d'étain collent du pied aux nappes,
Les dressoirs sont remplis et les celliers gorgés.
Tout autour de l'estrade, où rougeoient ces agapes,
Pendent à des crochets paniers, passoires, grils,
Casseroles, bougeoirs, briquets, cruches, gamelles ;
Dans un coin, deux magots exhibent leurs nombrils,
Et trônent, verre en main, sur deux tonnes jumelles ;
Et partout, à chaque angle ou relief, ici, là,
Au pommeau d'une porte, aux charnières d'armoire,
Au pilon des mortiers, aux hanaps de gala,
Sur le mur, à travers les trous de l'écumoire,
Partout, à droite, à gauche, au hasard des reflets,
Scintillent des clartés, des gouttes de lumière,
Dont l'énorme foyer — où des coqs, des poulets,
Rôtissent tout entiers sur l'ardente litière —
Asperge, avec le feu qui chauffe le festin,
Le décor monstrueux de ces grasses kermesses.

Nuits, jours, de l'aube au soir et du soir au matin,
Eux, les maîtres, ils les donnent aux ivrognesses.
La farce épaisse et large en rires, c'est la leur :
Elle se trousse là, grosse, cynique, obscène,
Regards flambants, corsage ouvert, la gorge en fleur,

La gaieté secouant les plis de sa bedaine.
Ce sont des bruits d'orgie et de rut qu'on entend
Grouiller, monter, siffler, de sourdine en crécelle,
Un vacarme de pots heurtés et se fendant,
Un entrechoquement de fers et de vaisselle,
Les uns, Brauwer et Steen, se coiffent de paniers,
Brakenburg cymbalise avec deux grands couvercles,
D'autres râclent les grils avec les tisonniers,
Affolés et hurlants, tous soûls, dansant en cercles,
Autour des ivres-morts, qui roulent, pieds en l'air.
Les plus vieux sont encor les plus goulus à boire,
Les plus lents à tomber, les plus goinfres de chair,
Ils grattent la marmite et sucent la bouilloire,
Jamais repus, jamais gavés, toujours vidant,
Leur nez luit de lécher le fond des casseroles.
D'autres encor font rendre un refrain discordant
Au crincrin, où l'archet s'épuise en cabrioles.
On vomit dans les coins; des enfants gros et sains
Demandent à téter avant qu'on les endorme,
Et leurs mères, debout, suant entre les seins,
Bourrent leur bouche en rond de leur téton énorme.
Tout gloutonne à crever, hommes, femmes, petits;
Un chien s'empiffre à droite, un chat mastique à gauche;
C'est un déchaînement d'instincts et d'appétits,

De fureurs d'estomac, de ventre et de débauche,
Explosion de vie, où ces maîtres gourmands,
Trop vrais pour s'affadir dans les afféteries,
Campaient gaillardement leurs chevalets flamands
Et faisaient des chefs-d'œuvre entre deux soûleries.

LA VACHÈRE

Le mouchoir sur la nuque et la jupe lâchée,
Dès l'aube, elle est venue au pacage, de loin ;
Mais sommeillante encore, elle s'est recouchée,
    Là, sous les arbres, dans un coin.

Aussitôt elle dort, bouche ouverte et ronflante ;
Le gazon monte, autour du front et des pieds nus ;
Les bras sont repliés de façon nonchalante,
    Et les mouches rôdent dessus.

Les insectes de l'herbe, amis de chaleur douce
Et de sol attiédi, s'en viennent, à vol lent,

Se blottir, par essaims, sous la couche de mousse,
    Qu'elle réchauffe en s'étalant.

Quelquefois, elle fait un geste gauche, à vide,
Effarouche autour d'elle un murmure ameuté
D'abeilles ; mais bientôt, de somme encore avide,
    Se tourne de l'autre côté.

Le pacage, de sa flore lourde et charnelle,
Encadre la dormeuse à souhait : comme en lui,
La pesante lenteur des bœufs s'incarne en elle
    Et leur paix lourde en son œil luit.

La force, bossuant de nœuds le tronc des chênes,
Avec le sang éclate en son corps tout entier :
Ses cheveux sont plus blonds que l'orge dans les plaines
    Et les sables dans le sentier.

Ses mains sont de rougeur crue et rèche ; la sève
Qui roule, à flots de feu, dans ses membres hâlés,
Bat sa gorge, la gonfle, et, lente, la soulève
    Comme les vents lèvent les blés.

Midi, d'un baiser d'or, la surprend sous les saules,
Et toujours le sommeil s'alourdit sur ses yeux,
Tandis que des rameaux flottent sur ses épaules
    Et se mêlent à ses cheveux.

ART FLAMAND

I

Art flamand, tu les connus, toi,
Et tu les aimas bien, les gouges,
Au torse épais, aux tétons rouges ;
Tes plus fiers chefs-d'œuvre en font foi.

Que tu peignes reines, déesses,
Ou nymphes, émergeant des flots
Par troupes, en roses îlots,
Ou sirènes enchanteresses,

Ou femelles aux contours pleins,
Symbolisant les saisons belles,

Grand art des maîtres, ce sont elles,
Ce sont les gouges que tu peins.

Et pour les créer, grasses, nues,
Toutes charnelles, ton pinceau
Faisait rougeoyer sous leur peau
Un feu de couleurs inconnues.

Elles flamboyaient de tons clairs,
Leurs yeux s'allumaient aux étoiles,
Et leurs poitrines sur tes toiles
Formaient de gros bouquets de chair.

Les Sylvains rôdaient autour d'elles,
Ils se roulaient, suant d'amour,
Dans les broussailles d'alentour
Et les fourrés pleins de bruits d'ailes.

Ils amusaient par leur laideur,
Leurs yeux, points ignés trouant l'ombre,
Illuminaient, dans un coin sombre,
Leurs sourires, gras d'impudeur.

Ces chiens en rut cherchaient des lices ;
Elles, du moins pour le moment,
Se défendaient, frileusement,
Roses, et resserrant les cuisses.

Et telles, plus folles encor,
Arrondissant leurs hanches nues,
Et leurs belles croupes charnues,
Où cascadaient leurs cheveux d'or,

Les invitaient aux assauts rudes,
Les excitaient à tout oser,
Bien que pour le premier baiser
Ces femelles fissent les prudes.

II

Vous conceviez, maîtres vantés,
Avec de larges opulences,
Avec de rouges violences,
Les corps charnus de vos beautés.

Les femmes pâles et moroses
Ne miraient pas dans vos tableaux,
Comme la lune au fond des eaux,
Leur étisie et leurs chloroses,

Leurs fronts tristes, comme les soirs,
Comme les dolentes musiques,
Leurs yeux malades et phtisiques,
Où micassent les désespoirs,

Leurs grâces fausses et gommées,
S'allanguissant sur les sofas,
Sous des peignoirs en taffetas
Et des chemises parfumées.

Vos pinceaux ignoraient le fard,
Les indécences, les malices
Et les sous-entendus de vices,
Qui clignent de l'œil dans notre art,

Et les Vénus de colportage,
Les rideaux à demi tirés,
Les coins de chair moitié montrés
Dans les nids du décolletage,

Les sujets vifs, les sujets mous,
Les Cythères des bergeries,
Les pâmoisons, les hystéries,
L'alcôve — Vos femmes à vous,

Dans la splendeur des paysages,
Et des palais, lambrissés d'or,
Dans la pourpre et dans le décor
Somptueux des anciens âges,

Vos femmes suaient la santé,
Rouge de sang, blanche de graisse;
Elles menaient les ruts en laisse
Avec des airs de royauté.

LES PLAINES

Partout, d'herbes en Mai, d'orges en Juillet pleines,
De lieue en lieue, au loin, depuis le sable ardent
Et les marais sur la Campine s'étendant,
Des plaines, jusqu'aux mers du Nord, partout des plaines !
Autour du plus petit village, où le clocher,
Aigretté d'un coq d'or et reluisant d'ardoises,
Grandit sur des maisons hautes de quatre toises,
Auprès du bourg pêcheur et du bourg maraîcher,
Toujours, si large et loin que se porte la vue,
Là-bas, où des bœufs noirs beuglent dans les terreaux,
Où des charges de foin passent par tombereaux,
Et puis encor, là-bas, où quelque voile entrevue,

Toute rouge, sur fond diaphane et vermeil,
Fait deviner les flots, la chanson matinière
Des marins qui s'en vont au large, et la rivière
Que sabrent les rayons lamés d'or du soleil,
Partout, soit champ d'avoine, où sont les marjolaines,
Coins de seigle, carrés de lins, arpents de prés,
Partout, bien au-delà des horizons pourprés,
La verte immensité des plaines et des plaines !

I

Sous les premiers ciels bleus du printemps, au soleil,
Dans la chaleur dorée à neuf, elles tressaillent,
Landes grises encor et lourdes au réveil,
Et ne se doutant pas que les sèves travaillent,
Tellement le sol tarde à secouer l'hiver.
Même, quand les vergers dressent les houppes blanches
De leurs pommiers, que la feuille, papillon vert,
S'est attachée et bat de l'aile au long des branches,
Quelques terreaux là-bas boudent compacts et nus.
L'eau des fossés déborde et les terres sont sales,

L'orée et le sentier boueux, les bois chenus,
Bien que Mars ait craché ses poumons en rafales.
Pourtant l'on voit déjà des groupes de fermiers,
Avec leurs lourds chevaux, lustrés de blancheurs crues,
Dans les champs, divisés par cases de damiers,
Couper le sol massif, au tranchant des charrues.
Déjà l'on sème. Un grand vieillard, qui va rêvant,
Semoir autour des reins, jette à pleines poignées
Les graines d'or, qu'abat un brusque coup de vent.
Les sillons sont à point ; les bêches alignées
Reluisent d'un feu blanc sous les coups du soleil,
Et Mai paraît, le mois des fleurs aromatiques,
Et servantes et gars, en rustique appareil,
Habits usés, bras nus, sabots au bout des piques,
Qui de l'aurore au soir fatiguent les labours.
Voici : les champs sont pleins, les fermes délaissées,
On en remet la garde aux chiens veilleurs des cours,
La glèbe, avec des mains calleuses, convulsées,
Avec fièvre, avec joie, avec acharnement,
La glèbe, pied par pied, coin par coin, est conquise ;
Partout la lutte et la sueur, le groupement
Des efforts arrachant la récolte promise :
Femmes sarclant le lin, hommes tassant l'engrais,
Chevaux traînant la herse à travers les cultures,

Pendant qu'autour, flattés de soleil tranquille et frais,
Les trèfles verts, les foins en fleur, les emblavures,
Les taillis, que l'on voit bondir sous le vent clair,
Les jardins, les enclos, les vergers, les fleurettes,
Roulent leur bonne odeur excitante dans l'air,
Où chante, ailes au vent, un millier d'alouettes.

II

Sous les éclats cuivrés et flambants du soleil
Languit la frondaison des chênes, sur les routes
Un sable jaune et fin cuit dans un clair sommeil,
Au ras des fossés verts les mousses sèchent toutes.

Une atmosphère ardente encercle la moisson;
D'âcres vapeurs, venant de marais noirs, enfument
Tout l'espace enfermé dans le vaste horizon,
Où les orges aux feux méridiens s'allument.

Alors par au dessus des champs, un large vent,
Un vent du Sud, traînant, voluptueux, oppresse,
Avec le va-et-vient de son souffle énervant,
La campagne vautrée en sa lourde paresse.

Un tressaillement d'or court au ras des moissons,
La terre sent l'assaut du rut monter en elle,
Son sol générateur vibrer de longs frissons,
Et son ventre gonfler de chaleur éternelle.

De partout sort le flot des germes fécondants,
Condensés en nuage épaissi de poussières
Et qui descend baigner d'amour les blés ardents.
On dirait voir fumer de géantes braisières,

Des débris d'incendie encor chauds. Chaque arpent,
Chaque tige entr'ouverte est entourée et prise,
Des vibrions en font l'assaut, éperdument,
Et l'union se fait en des moiteurs de brise.

III

Le polder moite et qui suait sa force crue,
Sous les midis, par coins de glaise étincelants,
S'étalait tel : en champs luisants de miroirs blancs
Taillés à chocs brutaux de pique et de charrue.

La Flandre — au coup de col de ses gros chevaux roux,
Bavochant de l'écume au branle de leur tête
Et pieds gluants — traînait son vieux travail de bête
Par à travers les blocs de ses lourds terreaux mous.

De la graisse d'humus et de labour, fondue,
Coulait dans le vent d'or d'automne — et lentement
Toute la plaine enflait sous ce débordement
De vie éparse aux quatre coins de l'étendue.

C'étaient, à l'angle clair d'un bois et d'un marais,
Des gars casseurs de terre, avec de grandes bêches ;
On entendait souffler leur corps d'ahans revêches
Et, d'un rythme visqueux, tomber des tas d'engrais.

Plus loin, les servantes tassaient les sacs, par groupes,
En mouchoirs rouges, en sabots noirs, en jupons bleus ;
Et se baissaient-elles : leurs reins, pliés en deux,
Faisaient surgir du sol, monstrueuses, leurs croupes.

Et derrière eux l'Escaut poussait son flux vermeil,
Par au delà des prés et des digues masquantes,
Et les bateaux cinglaient, toutes voiles claquantes
Leur proue et leurs sabords souffletés de soleil.

IV

Voici les nuits, les nuits longues, les jours blafards,
Novembre emplit d'hiver, l'immense plaine morne,
Où tout est boue et pluie et se fond en brouillards,
Où nuit et jour, matin et soir, l'ouragan corne.

Villages et hameaux geignent au vent du Nord;
L'humidité flétrit les murs de plaques vertes,
La neige tombe et pèse et lourdement endort
Les chaumes noirs groupant entre eux leurs dos inertes.

Les chiens, au seuil des cours de ferme, sont muets;
Les chemins recouverts de flaques et de fanges;
On travaille les lins à nonchalants poignets,
Avec la roue à bras qui ronfle dans les granges.

Le fleuve, à clapotis rudes, fouette son bord.
Dans les bouleaux, plantés en rangée équivoque
Sur les digues, un nid d'oiseau ballotte encor,
Un seul — et lentement la bise l'effiloque.

Des bruits lointains et sourds sortent des horizons,
Comme des grondements venus du bout des mondes,
Ils passent, tristes vents des funèbres saisons,
Et sonnent le néant dans leurs notes profondes.

La terre geint et crie à les subir, les bois
Ont des plaintes d'enfant, des râles et des rages,
A se sentir pliés et domptés sous leur poids,
Dans un cassement sec et brutal de branchages.

Ils s'acharnent au ras des champs planes et mous,
Cinglant les nudités scrofuleuses des terres,
La végétation pourrie — et leur remous
Abat sur les chemins les ormes solitaires.

Les sapins isolés sont coupés au jarret,
Ou fendus tout du long, en ligne verticale,
Les chênes débranchés — il faut une forêt
Pour résister aux chocs hurleurs de la rafale.

Et dans la plaine vide, on ne rencontre plus
Que sur les chemins noirs de poussifs attelages,
Que des voleurs, le soir, le matin, des perclus,
Se traînant mendier de hameaux en villages,

Que de maigres troupeaux, rentrant par bataillons,
Sous les soufflets du vent, avec des voix bêlantes,
Que d'énormes corbeaux plânants, aux ailes lentes,
Qu'ils agitent dans l'air ainsi que des haillons.

KATO

Après avoir lavé les puissants mufles roux
De ses vaches, curé l'égout et la litière,
Troussé son jupon lâche à hauteur des genoux,
Ouvert, au jour levant, une porte à chatière,

Kato, la grasse enfant, la pataude, s'assied,
Un grand mouchoir usé lui recouvrant la nuque,
Sur le viel escabeau, qui ne tient que d'un pied,
Dans un coin noir, où luit encor un noctiluque.

Le tablier de cuir rugueux sert de cuissart ;
Les pieds sont nus dans les sabots. Voici sa pose :
Le sceau dans le giron, les jambes en écart,
Les cinq doigts grapilleurs étirant le pis rose,

Pendant qu'au réservoir d'étain jaillit le lait,
Qu'il s'échappe à jet droit, qu'il mousse plein de bulles,
Et que le nez rougeaud de Kato s'en repaît,
Comme d'un blanc parfum de pâles renoncules.

C'est sa besogne à l'aube, au soir, au cœur du jour,
De venir traire, à pleine empoignade, ses bêtes,
En songeant d'un œil vide aux bombances d'amour,
Aux baisers de son gars dans les charnelles fêtes,

De son gars, le meunier, un grand rustaud râblé,
Avec des blocs de chair bossuant sa carcasse,
Qui la guette au moulin, tout en veillant au blé,
Et la bourre de baisers gras dès qu'elle passe.

Mais son étable avec ses vaches la retient,
Elles sont là, dix, vingt, trente, toutes en graisse,
Leur croupe se haussant dans un raide maintien,
Leur longue queue, au ras des flancs, ballant à l'aise.

Propres? Rien ne luit tant que le poil de leur peau;
Fortes? Leur cuisse énorme est de muscles gonflée;
Leur grand souffle, dans l'auge emplie, ameute l'eau,
Leur coup de corne enfonce une cloison d'emblée.

Elles mâchonnent tout d'un appétit goulu :
Glands, carottes, navets, trèfles, sainfoins, farines,
Le col allongé droit et le mufle velu,
Avec des ronflements satisfaits de narines,

Avec des coups de dent donnés vers le panier,
Où Kato fait tomber les raves qu'elle ébarbe,
Avec des regards doux fixés sur le grenier,
Où le foin, par les trous, laisse flotter sa barbe.

L'écurie est construite à plein torchis. Le toit,
Très vieux, très lourd, couvert de chaume et de ramées,
Sur sa charpente haute étrangement s'asseoit
Et jusqu'aux murs étend ses ailes déplumées.

Les lucarnes du fond permettent au soleil
De chauffer le bétail de ses douches ignées,
Et le soir, de frapper d'un cinglement vermeil
Les marbres blancs et roux des croupes alignées.

Mais, au dedans, s'attise une chaleur de four,
Qui monte des brassins, des ventres et des couches
De bouse mise en tas, pendant qu'autour
Bourdonne l'essaim noir et sonore des mouches.

Et c'est là qu'elle vit, la pataude, bien loin
Du curé qui sermonne et du fermier qui rage,
Qu'elle a son coin d'amour dans le grenier-à foin,
Où son garçon meunier la roule et la saccage,

Quand l'étable au repos est close prudemment,
Que la nuit autour d'eux répand sa somnolence,
Qu'on n'entend rien, sinon le lourd mâchonnement
D'une bête éveillée au fond du grand silence.

LA FERME

A voir la ferme au loin monter avec ses toits,
Monter, avec sa tour et ses meules en dômes
Et ses greniers coiffés de tuiles et de chaumes,
Avec ses pignons blancs coupés par angles droits ;

A voir la ferme au loin monter dans les verdures,
Reluire et s'étaler dans la splendeur des Mais,
Quand l'été la chauffait de ses feux rallumés
Et que les hêtres bruns l'éventaient de ramures :

Si grande semblait-elle, avec ses rangs de fours,
Ses granges, ses hangars, ses étables, ses cours,
Ses poternes de vieux clous noirs bariolées,

Son verger luisant d'herbe et grand comme un chantier,
Sa masse se carrant au bout de trois allées,
Qu'on eût dit le hameau tassé là, tout entier.

L'ENCLOS

Quatre fossés couraient autour de l'enclos. Or,
Quand le soleil de Mai, brûlant l'air de ses flammes,
Sabrait leur eau dormante avec toutes ses lames,
La ferme s'allumait d'un encadrement d'or.

Ils s'étendaient, plaqués au bord de mousse verte
Et de lourds nénuphars étoilant le flot noir.
Les grenouilles venaient y coasser, le soir,
L'œil large ouvert, le dos enflé, le corps inerte.

Des canards pavoisés y nageaient fiers et lents,
Des canards bleus, verts, gris, pourpres, des canards blancs,
Des canards clairs et blancs, avec un grand bec jaune;

Ils y plongeaient leur aile et leur ventre lustré,
Et les pattes battant les eaux, le col doré,
Cassaient rageusement des iris longs d'une aune.

DIMANCHE MATIN

Les nets éveils d'été des bourgades sous branches
Et sous ombre coupée au vent — et les roseaux
Et les aiguilles d'or des insectes des eaux
Et les barres des ponts de bois et leurs croix blanches

Et prés de beurre et lait — et métairie en planches
Et le bousculement des baquets et des seaux
Autour de la mangeoire, où grouillent les pourceaux,
Et la servante, avec du cru soleil aux manches ;

Ces nets éveils dans les matins ! — Des mantelets,
Des bonnets blancs et des sarreaux, par troupelets,
Gagnaient le bourg et son clocher couleur de craie.

Pommes et bigarreaux ! — Et, par dessus la haie,
Les fruits rouges tentaient, et, dans le verger clair,
Brusque, comme un sursaut, claquait du linge en l'air.

LES GRANGES

S'élargissaient, là-bas, les granges recouvertes,
Aux murs, d'épais crépis et de blancs badigeons,
Au faîte, d'un manteau de pailles et de joncs,
Où mordaient par endroits les dents des mousses vertes.

De vieux ceps tortueux les ascendaient, alertes,
Luttant d'assauts avec les lierres sauvageons,
Et deux meules flanquaient, ainsi que deux donjons,
Les portes qui bâillaient sur les champs, large-ouvertes.

Et par elles, sortait le ronron des moulins,
Rompu par les fléaux frappant l'aire à coups pleins,
Comme un pas de soldats qu'un tambour accompagne ;

On eût dit que le cœur de la ferme battait,
Dans ce bruit régulier qui baissait et montait,
Et le soir, comme un chant, endormait la campagne.

LES VERGERS

Hôtes du moineau preste et du merle siffleur :
Des arbres vieux, moussus, les branches étagées,
Baignaient dans le soleil de Mai, sur vingt rangées,
Leurs dômes élargis dans toute leur ampleur.

Les bourgeons sous l'éclat de la jeune chaleur
Pointillaient les rameaux de rosâtres dragées,
Les verdures vêtaient les cimes de frangées,
Les vaches, le pis lourd, vaguaient dans l'herbe en fleur.

Les pommiers au matin se couvraient de buées,
Qui séchaient lentement ainsi que des suées.
Midi pénétrait l'air de longs accablements.

Le soir, quand le soleil flambait dans les nuages,
On croyait, à le voir cribler d'or les branchages,
Qu'un grand feu crépitait dans un tas de sarments.

L'ABREUVOIR

En un creux de terrain aussi profond qu'un antre,
Les étangs s'étalaient dans leur sommeil moiré,
Et servaient d'abreuvoir au bétail bigarré,
Qui s'y baignait, le corps dans l'eau jusqu'à mi-ventre.

Les troupeaux descendaient, par des chemins penchants :
Vaches à pas très lents, chevaux menés à l'amble,
Et les bœufs noirs et roux qui souvent, tous ensemble,
Beuglaient, le cou tendu, vers les soleils couchants.

Tout s'anéantissait dans la mort coutumière,
Dans la chute du jour : couleurs, parfums, lumière,
Explosions de sève et splendeurs d'horizons ;

Des brouillards s'étendaient en linceuls aux moissons,
Des routes s'enfonçaient dans le soir — infinies,
Et les grands bœufs semblaient râler ces agonies.

LE LAIT

Dans la cave très basse et très étroite, auprès
Du soupirail prenant le frais au Nord, les jarres
Laissaient se refroidir le lait en blanches mares,
Dans les rouges rondeurs de leur ventre de grès.

On eût dit, à les voir crêmer dans un coin sombre,
D'énormes nénuphars s'ouvrant par les flots lents,
Ou des mets protégés par des couvercles blancs
Qu'on réservait pour un repas d'anges, dans l'ombre.

Plus loin, les gros tonneaux étaient couchés par rangs,
Et les jambons suant leurs graisses et leurs sangs,
Et les boudins crevant leur peau, couleur de cierge,

Et les flancs bruns, avec du sucre autour des bords,
Engageaient aux fureurs de ventres et de corps...
— Mais en face le lait restait froid, restait vierge.

LES GUEUX

La misère séchant ses loques sur leur dos,
Aux jours d'automne, un tas de gueux, sortis des bouges,
Rôdaient dans les brouillards et les prés au repos,
Que barraient sur fond gris des rangs de hêtres rouges.

Dans les plaines, où plus ne s'entendait un chant,
Où les neiges allaient verser leurs avalanches,
Seules encor, dans l'ombre et le deuil s'épanchant,
Quatre ailes de moulin tournaient grandes et blanches.

Les gueux vaguaient, les pieds calleux, le sac au dos,
Fouillant fossés, fouillant fumiers, fouillant enclos,
Dévalant vers la ferme et réclamant pâture.

Puis reprenaient en chiens pouilleux, à l'aventure,
Leur course interminable à travers champs et bois,
Avec des jurements et des signes de croix.

LES PORCS

Des porcs, roses et gras, les mâles, les femelles,
Remplissaient le verger de leurs grognements sourds,
Et couraient par les champs, les fumiers et les cours,
Dans le ballottement laiteux de leurs mamelles.

Près du purin, barré des lames du soleil,
Les pattes s'enfonçant en plein dans le gadoue,
Ils reniflaient l'urine et fouillaient dans la boue,
Et leur peau frémissait sous son lustre vermeil.

Mais Novembre approchant, on les tuait. Leur ventre,
Trop lourd, frôlait le sol de ses tétins. Leurs cous,
Leurs yeux, leurs groins n'étaient que graisse lourde, et d'entre

Leurs fesses on eût dit qu'il coulait du saindoux :
On leur raclait les poils, on leur brûlait les soies,
Et leurs bûchers de mort faisaient des feux de joies.

CUISSON DU PAIN

Les servantes faisaient le pain pour les dimanches,
Avec le meilleur lait, avec le meilleur grain,
Le front courbé, le coude en pointe hors des manches,
La sueur les mouillant et coulant au pétrin.

Leurs mains, leurs doigts, leur corps entier fumait de hâte,
Leur gorge remuait dans les corsages pleins.
Leurs deux poings monstrueux pataugeaient dans la pâte
Et la moulaient en ronds comme la chair des seins.

Dehors, les grands fournils chauffaient leurs braises rouges,
Et deux par deux, du bout d'une planche, les gouges
Dans le ventre des fours engouffraient les pains mous.

Et les flammes, par les gueules s'ouvrant passage,
Comme une meute énorme et chaude de chiens roux,
Sautaient en rugissant leur mordre le visage.

LES RÉCOLTES

Sitôt que le soleil dans le matin luisait,
Comme un éclat vermeil sur un saphir immense,
Que dans l'air les oiseaux détaillaient leur romance,
La ferme tout entière au travail surgissait.

Un va-et-vient, mêlé d'appels hâtifs bruissait,
Et les bêtes de cour, en farfouille, en démence,
Courant, sautant, volant, mêlaient d'accoutumance,
Leurs cris et leur folie à ce bruit qui haussait.

Et dès l'aube, on partait ensemble au long des haies,
Sarcler des champs de lin, entourés de saulaies,
Couper, tasser, rentrer le foin par chariots.

Là-haut, chantaient pinsons, tarins et loriots,
Les plaines embaumaient au loin ; et gars et gouges
Tachaient les carrés verts de camisoles rouges.

LA GRANDE CHAMBRE

Et voici quelle était la chambre hospitalière
Où l'étranger trouvait bon gîte et réconfort,
Où les fils étaient nés, où l'aïeul était mort,
Où l'on avait tassé ce grand corps dans sa bière.

Aux kermesses, aux jours de foire et de décor,
La ferme y célébrait la fête coutumière,
Et jadis, quand vivait encore la fermière,
Elle y trônait, au centre, avec ses pendants d'or.

Les murs étaient crépis; deux massives armoires
Étalaient dans les coins leur bois zébré de moires;
Au fond, un christ en plâtre expirait sous un dais,

Le front troué, les yeux ouverts sur les ivresses;
Et le parfum des lards et la senteur des graisses
Montaient vers son cœur nu, comme un encens mauvais.

LA CUISINE

Au fond, la crémaillière avait son croc pendu,
Le foyer scintillait comme une rouge flaque,
Et ses flammes, mordant incessamment la plaque,
Y rongeaient un sujet obscène en fer fondu.

Le feu s'éjouissait sous le manteau tendu
Sur lui, comme l'auvent par-dessus la baraque,
Dont les bibelots clairs, de bois, d'étain, de laque,
Crépitaient moins aux yeux que le brasier tordu.

Les rayons s'échappaient comme un jet d'émeraudes,
Et, ci et là, partout, donnaient des chiquenaudes
De clarté vive aux brocs de verre, aux plats d'émail,

A voir sur tout relief tomber une étincelle,
On eût dit — tant le feu s'émiettait par parcelle —
Qu'on vannait du soleil à travers un vitrail.

LES GRENIERS

Sous le manteau des toits s'étalaient les greniers
Larges, profonds, avec de géantes lignées
De solives en croix, de poutres, de sommiers,
D'où pendaient à ses fils un peuple d'araignées.

Les récoltes en tas s'y trouvaient alignées :
Les froments par quintaux, les seigles par paniers,
Les orges, de clarté poussiéreuse baignées,
L'avoine et le colza par monceaux réguliers.

Un silence profond et lourd, tel une mare,
S'étendait sur les grains que coupait de sa barre
Et de ses lames d'or le soleil de Juillet.

Au reste les souris toutes se tenaient coites,
Les museaux enfoncés dans leurs niches étroites,
Tandis que sur un van le grand chat blanc veillait.

L'ÉTABLE

Et pleine d'un bétail magnifique, l'étable,
A main gauche, près des fumiers étagés haut,
Volets fermés, dormait d'un pesant sommeil chaud,
Sous les rayons serrés d'un soleil irritable.

Dans la moite chaleur de la ferme au repos,
Dans la vapeur montant des fumantes litières,
Les bœufs dressaient le roc de leurs croupes altières
Et les vaches beuglaient très doux, les yeux mi-clos.

Midi sonnant, les gars nombreux curaient les auges
Et les comblaient de foins, de lavandes, de sauges,
Que les bêtes broyaient d'un lourd mâchonnement ;

Tandis que les doigts gourds et durcis des servantes
Étiraient longuement les mamelles pendantes
Et grappillaient les pis tendus, canaillement.

LES ESPALIERS

D'énormes espaliers tendaient des rameaux longs,
Où les fruits allumaient leur chair et leur pléthore,
Pareils, dans la verdure, à ces rouges ballons
Qu'on voit flamber les nuits de kermesse sonore.

Pendant vingt ans, malgré l'hiver et ses grelons,
Malgré les gels du soir, les givres de l'aurore,
Ils s'étaient accrochés aux fentes des moellons,
Pour monter jusqu'au toit, monter, monter encore.

Maintenant ils couvraient de leur larg．．．．es murs,
Et sur les pignons hauts et clairs, poires et pommes,
Bombaient superbement des seins pourprés et mûrs.

Les troncs géants, crevés partout, suaient des gommes;
Les racines plongeaient jusqu'aux prochains ruisseaux,
Et les feuilles luisaient comme des vols d'oiseaux.

EN HIVER

Le sol trempé se gerce aux froidures premières,
La neige blanche essaime au loin ses duvets blancs,
Et met, au bord des toits et des chaumes branlants,
Des coussinets de laine irisés de lumières.

Passent dans les champs nus les plaintes coutumières,
A travers le désert des silences dolents,
Où de grands corbeaux lourds battent l'air des vols lents
Et s'en viennent de faim rôder près des chaumières.

Mais depuis que le ciel de gris s'était couvert,
Dans la ferme riait une gaieté d'hiver,
On s'assemblait en rond autour du foyer rouge,

Et l'amour s'éveillait, le soir, de gars à gouge,
Au bouillonnement gras et siffleur du brassin,
Qui grouillait, comme un ventre, en son chaudron d'airain.

TRUANDAILLES

Dites! jadis, ripaillait-on
Dans les bouges et dans les fermes :
Les gars avaient les reins plus fermes
Et les garces plus beau téton.

Alors, en de longues tablées,
Autour des mets grossiers, mais bons,
Autour des lards et des jambons,
Et des mangeailles rassemblées,

De grands buveurs compacts et forts
Riaient, chantaient, gueulaient à boire,
Bâfraient à casser leur machoire,
Hurlaient à réveiller les morts.

Chacun avait, à droite, à gauche,
Chair de femelle à savourer,
Chair grasse, prête à se cabrer
En des ruades de débauche.

Chacun avait là deux brasiers,
Deux yeux allumés, deux prunelles,
Bûchers de voluptés charnelles,
Où rôtir des amours entiers.

Deux seins tout frais, tout ronds, tout rouges,
Frais et ronds à mordre dedans,
A les marquer d'un coup de dents;
Deux seins appétissants de gouges,

Bombant le haut des tabliers,
Et ressemblant aux pommes mûres,
Qu'on voit grossir dans les ramures
Gigantesques des espaliers.

Toutes ces garces en folie
Sablaient aussi des brocs d'étain,
Et comme leurs gars, ventre plein,
Menton poissé, langue salie,

Râlaient en proie au rut fiévreux
Dans un emmêlement farouche,
Criaient, juraient à pleine bouche.
Et pour leurs mâles amoureux

Se battaient, tombaient pêle-mêle,
Parmi les tables, dans les coins,
Ruaient des pieds, tapaient des poings,
Roulaient dans une ivresse telle,

Qu'on eût dit entendre le bruit
D'une lutte à mort dans les bermes,
Et que les chiens veilleurs des fermes
Hurlaient d'effroi toute la nuit.

LA VACHE

Dès cinq heures, sitôt que l'aurore fit tache
Sur l'enténèbrement nocturne, piqué d'or,
Un gars traça des croix sur le front de la vache,
Et, le licol tendu, la mena vers la mort.

Partout dans les clochers sonnaient les réveillées ;
Les champs riaient, malgré les brouillards étendus
Sur la campagne, ainsi que des laines mouillées,
Et les froids, qui la nuit étaient redescendus.

Des ouvriers lourds et mous à leurs travaux revêches,
Allaient, bâillant encor, muets, presque dolents,
Sur leur énorme dos luisait l'acier des bêches,
Plaquant le jour brumeux et gris de miroirs blancs.

On entendait gronder des fracas de roulages
Sur les pavés, des bruits de vieux chariots pleins ;
Au loin se balançaient des charges de fourrages
Entre les coins de blés et les recoins de lins.

Les poternes s'ouvraient partout, au long des routes,
Avec des grincements de clefs et de verroux.
Et les bêtes de clos à clos s'appelaient toutes,
Et la vache passait très lente et beuglait doux.

A droite — on voit blondir l'immensité de plaines :
Des carrés roux, faisant des angles dans les verts,
Des villages par tas, des hameaux par vingtaines,
Avec de grands zigzags de routes à travers.

A gauche — les vergers rajeunis, qu'effiloque
Le vent de Juin, soufflant sur les massifs fleuris,
Toute l'explosion de l'estivale époque,
Blanche sous un azur jeune, brouillé de gris.

Enfin par un dernier détour de sente verte,
On parvient au village assis sur un plateau :
La boucherie est là, tout en haut, large ouverte,
Dans un encadrement plaqué de champs et d'eau.

La vache brusquement s'arrête au seuil du porche.
Tout est rouge autour d'elle et fumant, sur le sol
Un taureau tacheté de rousseurs, qu'on écorche
Et dont coule le sang par un trou fait au col.

Des moutons appendus au mur, têtes fendues,
Des porcs, gisant sur la paille, moignons en l'air,
Un veau noir sur un tas d'entrailles répandues
Avec le coutelas profond fouillant la chair.

Et plus loin, au-delà de ces visions rouges,
Ce sont des coins verdis de blés qu'elle entrevoit,
Où des bœufs laboureurs, que bâtonnent des gouges,
Entaillent le terreau gluant d'un sillon droit.

Et voici que se fait la lumière complète,
Le creusement profond des lointains horizons,
Le grand jour triomphal et doré, qui projette
Ses flammes d'incendie au ras des floraisons,

Qui baigne les champs gras d'une sueur fumante,
Les pénètre, à plein feu, de ses rayons mordants,
Les brûle de baisers d'amour, comme une amante,
Et leur gonfle le sein de germes fécondants.

La vache voit bleuir le grand ciel qui surplombe
L'embrasement du sol où luit l'Escaut vermeil,
Lorsqu'un coup de maillet l'étourdit ; — elle tombe,
Mais son dernier regard s'est empli de soleil.

LES PAYSANS

Ces hommes de labour, que Greuze affadissait
Dans les molles couleurs de paysanneries,
Si proprets dans leur mise et si roses, que c'est
Motif gai de les voir, parmi les sucreries
D'un salon Louis-Quinze animer des pastels,
Les voici noirs, grossiers, bestiaux — ils sont tels.

Entre eux, ils sont parqués par villages; en somme,
Les gens des bourgs voisins sont déjà l'étranger,
L'instrus qu'on doit haïr, l'ennemi fatal, l'homme
Qu'il faut tromper, qu'il faut leurrer, qu'il faut gruger.

La patrie ? Allons donc ! Qui d'entre eux croit en elle ?
Elle leur prend des gars pour les armer soldats,
Elle ne leur est point la terre maternelle,
La terre fécondée au travail de leurs bras.
La patrie ! on l'ignore au fond de leur campagne.
Ce qu'ils voient vaguement dans un coin de cerveau,
C'est le roi, l'homme en or, fait comme Charlemagne,
Assis dans le velours frangé de son manteau ;
C'est tout un apparat de glaives, de couronnes,
Écussonnant les murs de palais lambrissés,
Que gardent des soldats avec sabre à dragonnes.
Ils ne savent que ça du pouvoir. — C'est assez.
Au reste, leur esprit, balourd en toute chose,
Marcherait en sabots à travers droit, devoir,
Justice et liberté — l'instinct les ankylose ;
Un almanach crasseux, voilà tout leur savoir ;
Et s'ils ont entendu rugir, au loin, les villes,
Les révolutions les ont tant effrayés,
Que, dans la lutte humaine, ils restent les serviles,
De peur, s'ils se cabraient, d'être un jour les broyés.

I

A droite, au long de noirs chemins, creusés d'ornières,
Avec des tufs derrière et des fumiers devant,
S'étendent, le toit bas, le mur nu, des chaumières,
Sous des lames de pluie et des soufflets de vent.
Ce sont leurs fermes. Là, c'est leur clocher d'église,
Taché de suintements vert-de-grisés au nord,
Et plus loin, où le sol fumé se fertilise,
Grâce à l'acharnement des herses qui le mord,
Sont leurs labours. La vie est close tout entière
Entre ces trois témoins de leur rusticité,
Qui les ploient au servage et tiennent en lisière
L'effort de leur labeur et de leur âpreté.
Ils sont là, travaillant de leurs mains obstinées
Les terreaux noirs, l'humus tout imprégné d'hiver,
Pourri de détritus et creux de taupinées;
Ils bêchent, front en eau, du pied plantant le fer,
Le corps en deux, sur les sillons qu'ils ensemencent,
Sous les grêlons de Mars qui flagellent leur dos.
L'été, quand les moissons de seigle se balancent
Avec des éclats d'or, tombant des cieux à flots,

Les voici, dans le feu des jours longs et torrides,
Peinant encor, la faux rasant les seigles mûrs,
La sueur découlant de leurs fronts tout en rides
Et transperçant leur peau des bras jusqu'aux fémurs ;
Midi darde ses rais de braise sur leurs têtes :
Si crue est la chaleur, qu'en des champs de méteil
Se cassent les épis trop secs et que les bêtes,
Le cou criblé de taons, ahannent au soleil.
Vienne Novembre avec ses lentes agonies,
Et ses râles roulés à travers les bois sourds,
Ses sanglots hululants, ses plaintes infinies,
Ses glas de mort — et les voici suant toujours,
Préparant à nouveau les récoltes futures,
Sous un ciel débordant de nuages grossis,
Sous la bise, cinglant à ras les emblavures,
Et trouant les forêts d'énormes abatis,
De sorte que leurs corps tombent vite en ruine,
Que jeunes, s'ils sont beaux, plantureux et massifs,
L'hiver qui les froidit, l'été qui les calcine,
Font leurs membres affreux et leurs torses poussifs ;
Que vieux, portant le poids renversant des années,
Le dos cassé, les bras perclus, les yeux pourris,
Avec l'horreur sur leurs faces hérissonnées,
Ils roulent sous le vent qui s'acharne aux débris ;

Et qu'au temps où la mort ouvre vers eux ses portes,
Leur cercueil, descendant au fond des terrains mous,
Ne semble contenir que choses deux fois mortes.

II

Les soirs de vents en rage et de ciel en remous,
Les soirs de bise aux champs et de neige essaimée,
Les vieux fermiers sont là, méditant, calculant,
Près des lampes, d'où monte un filet de fumée.
La cuisine présente un aspect désolant :
On soupe dans un coin, toute une ribambelle
D'enfants sales gloutonne aux restes d'un repas ;
Des chats osseux, râclés, lèchent des fonds d'écuelle ;
Des coqs tintent du bec contre l'étain des plats ;
L'humidité s'attache aux murs lépreux ; dans l'âtre,
Quatres pauvres tisons se tordent de maigreur,
Avec des jets mourants d'une clarté rougeâtre ;
Et les vieux ont au front des pensers pleins d'aigreur.
« Bien qu'en toute saison tous travaillassent ferme,
Que chacun de son mieux donnât tout son appoint,

Voilà cent ans, de père en fils, que va la ferme,
Et que bon an, mal an, on reste au même point ;
Toujours même train-train voisinant la misère. »
Et c'est ce qui les ronge et les mord lentement.
Aussi la haine, ils l'ont en eux comme un ulcère,
La haine patiente et sournoise, qui ment.
Leur bonhomie et leurs rires couvent la rage ;
La méchanceté luit dans leurs regards glacés ;
Ils puent les fiels et les rancœurs que, d'âge en âge,
Les souffrances en leurs âmes ont amassés.
Ils sont âpres au gain minime ; ils sont sordides ;
Ne pouvant conquérir leur part, grâce au travail,
La lésine rend leurs cœurs durs, leurs cœurs fétides ;
Et leur esprit est noir, mesquin, pris au détail,
Stupide et terrassé devant les grandes choses :
C'est à croire qu'ils n'ont jamais vers le soleil
Levé leurs yeux, ni vu les couchants grandioses
S'étaler dans le soir ainsi qu'un lac vermeil.

III

Aux kermesses pourtant les paysans font fête,
Même les plus crasseux, les plus ladres. Leurs gars
Y vont chercher femelle et s'y chauffer la tête.
Un fort repas, graissé de sauces et de lards,
Sale à point les gosiers et les enflamme à boire.
On roule aux cabarets, goussets ronds, cœurs en feu,
On y bataille, on y casse gueule et mâchoire
Aux gens du bourg voisin, qui voudraient, Nom de Dieu !
Lécher trop goulûment les filles du village
Et gloutonner un plat de chair, qui n'est pas leur.

Tout l'argent mis à part y passe — en gaspillage,
En danse, en brocs offerts de sableur à sableur,
En bouteilles, gisant à terre en tas difformes.
Les plus fiers de leur force ont des gestes de roi
A rafler d'un seul trait des pots de bière énormes,
Et leurs masques, plaqués de feu, dardant l'effroi,
Avec leurs yeux sanglants et leur bouche gluante,
Allument des soleils dans le grouillement noir.

L'orgie avance et flambe. Une urine puante
Mousse en écume blanche aux fentes du trottoir.
Des soulards assommés tombent comme des bêtes ;
D'autres vaguent, serrant leurs pas, pour s'affermir ;
D'autres gueulent tout seuls quelques refrains de fêtes
Coupés de hoquets gras et d'arrêts pour vomir.
Des bandes de braillards font des rondes au centre
Du bourg ; et les gars aux gouges faisant appel,
Les serrent à pleins bras, les cognent ventre à ventre,
Les lâchant, les cherchant, dans un assaut charnel,
Et les tombent, jupons levés, jambes ruantes.
Dans les bouges — où la fumée en brouillards gris
Rampe et roule au plafond, où les sueurs gluantes
Des corps chauffés et les senteurs des corps flétris
Étament de vapeur les carreaux et les pintes —
A voir des bataillons de couples se ruer
Toujours en plus grand nombre autour des tables peintes,
Il semble que les murs sous le heurt vont craquer.
La soûlerie est là plus furieuse encore,
Qui trépigne et vacarme et tempête, à travers
Des cris de flûte aiguë et de piston sonore.
Rustres en sarreaux bleus, vieilles en bonnets clairs,
Gamins hâves, fumant des pipes ramassées,
Tout ça saute, cognant des bras, grognant du groin,

Tapant des pieds. Parfois les soudaines poussées
De nouveaux arrivants écrasent dans un coin
Le quadrille fougueux qui semble une bataille,
Et c'est alors à qui gueulera le plus haut,
A qui repoussera le flot vers la muraille,
Dût-il trouer son homme à longs coups de couteau.
Máis l'orchestre aussitôt redouble ses crieries
Et, couvrant de son bruit les querelles des gars,
Les mêle tous en des fureurs de sauteries.
On se calme, on rigole, on trinque entre pochards,
Les femmes à leur tour se chauffent et se soûlent,
L'acide du désir charnel brûlant leur sang,
Et dans ces flots de corps sautants, de dos qui houlent,
L'instinct lâché devient à tel point rugissant
Qu'à voir garces et gars se débattre et se tordre,
Avec des heurts de corps, des cris, des coups de poings,
Des bonds à s'écraser, des rages à se mordre,
A les voir se rouler ivres-morts dans les coins,
Se vautrant sur le sol, se heurtant aux bossages,
Suant, l'écume blanche aux lèvres, les deux mains,
Les dix doigts, saccageant et vidant les corsages,
On dirait — tant ces gars fougueux donnent des reins,
Tant sautent de fureur les croupes de leurs gouges —
Des ardeurs s'allumant au feu noir des viols.

Avant que le soleil n'arde de flammes rouges,
Et que les brouillards blancs ne tombent à pleins vols,
Dans les bouges, on met un terme aux soûleries.
La kermesse s'épuise en des accablements,
La foule s'en retourne, et vers les métairies
On la voit disparaître avec des hurlements.
Les vieux fermiers aussi, les bras tombants, les trognes
Dégoûtantes de bière et de gros vin sablés,
Gagnent, avec le pas zigzaguant des ivrognes,
Leur ferme assise au loin dans une mer de blés.
Mais au creux des fossés que les mousses veloutent,
Parmi les plants herbus d'un enclos maraîcher,
Au détour des sentiers gazonnés, ils écoutent
Rugir encor l'amour en des festins de chair.
Les buissons semblent être habités par des fauves.
Des accouplements noirs bondissent par dessus
Les lins montants, l'avoine en fleur, les trèfles mauves,
Des cris de passion montent; on n'entend plus
Que des spasmes râlants auxquels les chiens répondent.

Les vieux songent aux ans de jeunesse et d'ardeurs.
Chez eux, mêmes appels d'amour qui se confondent.
Dans l'étable où se sont glissés les maraudeurs,
Où la vachère couche au milieu des fourrages,

Dans l'auge, dont les gars font choix pour le déduit,
Mêmes enlacements, mêmes cris, mêmes rages,
Mêmes fureurs d'aimer rugissant dans la nuit.
Et dès qu'il est levé, le soleil, dès qu'il crève
De ses boulets de feu le mur des horizons,
Voici qu'un étalon, réveillé dans son rêve,
Hennit et que les porcs ébranlent leurs cloisons
Comme allumés par la débauche environnante ;
Crête pourpre, des coqs se haussent sur le foin
Et sonnent le matin de leur voix claironnante ;
Des poulains attachés se cabrent dans un coin ;
Des chiens bergers, les yeux flambant, guettent leurs lices ;
Et les naseaux soufflants, les pieds fouillant le sol,
Des taureaux monstrueux ascendent les génisses.

Alors vautrés aussi dans leur rut d'alcool,
Le sang battant leur cœur et leurs tempes blêmies,
Le gosier desséché de spasmes étouffants,
Et cherchant à tâtons leurs femmes endormies,
Eux, les fermiers, les vieux, font encor des enfants.

MARINES

I

Au temps de froid humide et de vent nasillard,
Les flots clairs s'étamaient d'étoupe et de brouillard,
Et traînaient à travers les champs de verdeur sale
Leur cours se terminant en pieuvre colossale.

Les roseaux desséchés pendaient le long du bord,
Le ciel, muré de nuit, partout, du Sud au Nord,
Retentissait au loin d'un fracas d'avalanches ;
Les neiges vacillaient dans l'air, flammèches blanches.

Et sitôt qu'il gelait, des glaçons monstrueux
Descendaient en troupeau large et tumultueux,
S'écrasant, se heurtant comme un choc de montagnes.

Et lorsque les terreaux et les bois se taisaient,
Eux s'attaquaient l'un l'autre, et craquaient, et grinçaient,
Et d'un bruit de tonnerre ébranlaient les campagnes.

II

Au sortir des brouillards, des vents et des hivers,
Le site avait les tons mouillés des aquarelles ;
L'Escaut traînait son cours entre les iris verts
Et les saules courbant leurs branches en ombrelles ;

Il coulait clair et blanc dans les limpidités,
Et les oiseaux chantaient parmi les oseraies ;
Il coulait clair dans les splendeurs et les gaietés
Et mirait les hameaux, tête en bas, dans les baies.

Là, sous la chaleur neuve et la clarté d'éveil,
Des chalands goudronnés luisaient dans le soleil.
Des vapeurs ameutaient les flots lents de leurs roues,

Des mâts se relevaient : misaines et beauprés,
Et les voiliers géants dressaient sur l'eau leurs proues,
Où des nymphes en bois bombaient leurs seins dorés.

III

Sur le fleuve, rempli de mâts et de voilures,
Un ciel incandescent tombait de tout son poids
Et gerçait et grillait le sol de ses brûlures,
Comme s'il l'eût couvé sous des ailes de poix.

Près des digues, bouillaient le limon et la vase ;
Les pointes des roseaux s'aiguisaient de clartés,
Et les vaisseaux craquaient du sommet à la base,
Sous l'accablant fardeau de ces torridités.

Plus loin, près d'une passe où le courant s'ensable,
Émergeaient, s'étiraient de jaunes bancs de sable,
Que des oiseaux, l'aile au soleil, tachaient de blanc ;

Le site entier chauffait dans un air de fournaise
Et semblait menacé d'un embrasement lent,
Et les flots criblés d'or charriaient de la braise.

IV

En automne, saison des belles pourritures,
Quand au soir descendant le couchant est en feu,
On voit au bas du ciel d'immenses balayures
De jaune, de carmin, de vert pomme et de bleu.

Les flots traînent ce grand horizon dans leurs moires,
Se vêtent de ses tons électriques et faux,
Et sur fond de soleil, des barques toutes noires
Vont comme des cercueils d'ébène au fil des eaux.

Les voix du jour mourant, funèbres et lointaines,
Roulent encor dans l'air avec le vent des plaines
Et les sons d'angélus tintant de tour en tour ;

Mais tous cris vont mourir, et mourir toutes flammes.
L'appel des passeurs d'eau va se taire à son tour...
Voici qu'on n'entend plus qu'un bruit tombant de rames.

AMOURS ROUGES

Et qu'importent les mots méchants et les pâlotes
S'ils ont la volupté de se sentir à deux ?
Que lui font l'œil mauvais et les cris de bigotes,
Quand au soir descendant, au long du chemin creux,
Il la sent s'allumer de charnelles tendresses,
Qu'il l'étreint contre lui, regarde longuement
Son cou large, où sont faits des coins pour les caresses,
Ses yeux d'où sort l'ardeur de son embrasement ;
Qu'elle vibre et s'affole et s'offre tout entière,
Que la rage d'aimer l'enflamme, qu'elle veut,
Tant le sang de son cœur lui brûle chaque artère,
Tant hurlent ses désirs et ses instincts en feu,

Ne faire de son corps qu'une table dressée,
Où son gars mangerait et boirait jusqu'au jour,
La bouche gloutonnante et la manche troussée,
Tout un festin de chair, de jeunesse et d'amour !
Et pendant qu'il la chauffe, ils vont par les saulaies,
Par les sentiers moussus, faits pour s'en aller deux,
Ils vont toujours, tirant les feuilles hors des haies,
Les mordant avec fièvre et les jetant loin d'eux.
Il confie en riant ce qui troublait sa tête,
Avant qu'il n'eût espoir certain de l'épouser,
Il se rappelle encor — tout comme elle — la fête
Où de force il plaqua ses lèvres d'un baiser.
Mais c'est elle, à présent, qui s'en poisse la bouche,
Qui s'en soûle et s'en gave aux godailles d'amour,
Au grand air, sous l'éclat du soleil qui se couche
Et dans le rouge adieu de la nature au jour.
Et d'un commun accord, sans pourtant se rien dire,
Au coude d'un chemin menant droit aux fouillis,
Le cœur battant son plein, le visage en sourire,
Ils cherchent où s'asseoir dans l'épais des taillis.
Et près d'un blond carré d'orge, dans la verdure
Fraîche et vibrante encore et gazouilleuse au vent,
Ils dénichent, comme au hasard, une encoignure,
Faite d'un bois derrière et de buissons devant,

Un coin calme, où bruit seule parmi l'épeautre,
La respiration onduleuse des blés.
Se regardant toujours et s'attirant l'un l'autre,
Ils se sont abattus, haletants et troublés.
Et c'est alors un cri des sens, une fringale,
Un assouvissement de désirs et d'instincts,
Un combat chair à chair de gouge avec son mâle,
Des étreintes de corps à se briser les reins,
Des vautrements si fous que l'herbe en est broyée
Comme après un assaut de vents et de grêlons,
Les buissons cassés net et la terre rayée
D'un grattage lascif de pieds et de talons.
Elle sert de sa chair autant qu'il en demande,
Sans crier, se débattre ou simuler des peurs,
Ne craignant même plus que le village entende
L'explosion d'amour, qui saute de leurs cœurs.
Ils songent aux fureurs échauffantes des bêtes,
Aux printemps allumant l'ardeur dans les troupeaux,
Aux chevaux hennissants, aux vaches toujours prêtes
A se courber au joug amoureux des taureaux.
Et lui, — roi de ce corps pâmé, lui maître d'elle,
Le choisi, parmi tous, pour mener le déduit,
La voyant dans ses bras frissonner comme une aile,
Sent son orgueil de gars puissant monter en lui.

Ses assauts enfiévrés comme un choc de rafales
Traversent la fureur de leurs accouplements,
Ses spasmes ont des cris plus profonds que des râles,
Son rut bondit sur elle avec des jappements,
Il voudrait l'accabler dans une ardeur plénière,
Et lui broyer les sens sous des poids de torpeur,
Et ce débordement de lutte dernière
Devient rage à tel point que leur amour fait peur.

Après l'ébruitement du scandale au village,
Après de longs refus brutaux, un temps viendra,
Où les parents vaincus voudront le mariage ;
Et l'amant d'aujourd'hui, son gars aimé, sera
Le même qu'on verra venir, le jour des noces,
Lui donner l'anneau d'or et conduire à l'autel,
Orné de cierges neufs et de roses précoces,
Ses vingt ans agités du frisson maternel.

LES FUNÉRAILLES

Voici huit jours qu'a trépassé le vieux fermier
Qui, rond par rond, thésaurisa dans un sommier
Tant d'or et tant d'argent que son énorme bière
Semblait lourde d'écus quand on le mit en terre.

La cloche a vacarmé longtemps en son honneur
Et les notes battu leur danse en ton mineur,
Mais aujourd'hui ses quatre fils offrent à boire
Tant que l'on veut pour qu'on se soûle à sa mémoire.

Dans leur maison, ils ont rangé trente tonneaux
Pour des gosiers beaux et clairs, tels des anneaux,
Et prétendant que tous aient une part des fêtes
Ils ont donné du sucre et de la bière aux bêtes.

Les servantes et les valets quittant le deuil
Et les quatre porteurs du colossal cercueil
Et le fossoyeur borgne et les enfants de messe
Sont conviés, avant tout autre, à la Kermesse.

Puis les parents les plus proches et les cousins,
Ceux qui furent les vieux amis et les voisins ;
Et tels qui sont gaillards et savoureux de derme
Sont invités dûment parce qu'ils sablent ferme.

Et depuis l'aube on trinque, à grands brocs étamés,
Dans la salle la plus large, volets fermés,
Portes closes, tandis que Juin gerce de rides,
Dehors, les champs ardents et les polders torrides.

La fête étant vouée uniquement au mort,
On boit sans bruit, on boit sans cris, si l'on boit fort ;
Et l'ivresse plombant les fronts de somnolence,
Bientôt l'on boit et l'on se soûle en plein silence.

Ils sont là, tous, face à face, vagues et lourds,
Les mains moites, les doigts gauches, les regards gourds,
Les pieds allongés droits sous la table de chêne,
Et seul, le hoquet gras debonde leur bedaine.

Le fossoyeur éructe et croit du fond d'un trou
Lancer, d'un han profond, un bloc de terreau mou;
Le jeune enfant de messe avec des mains térettes
Lampe d'un coup son broc, ainsi que les burettes.

Les gros porteurs assis côte à côte, le dos
Bien que fruste et géant ployé sous des fardeaux
D'ivresse et de sommeil, rêvent que leurs épaules
Jonglent avec des morts au fond de nécropoles.

Un cousin pleure, ainsi qu'un toit que pluie et vent
Râflent d'automne, et tout son corps est comme un van
Sonnant et sanglotant que la douleur secoue,
Jusqu'à faire égoutter les larmes de sa joue.

Seuls d'entre tous, les fils ne semblent point navrés :
Ils ont les goussets lourds et les orgueils lustrés,
Ils sont comme des coqs debout sur l'héritage,
Et c'est à coups de becs qu'ils feront le partage.

Ils se sentent déjà maîtres du bourg et ceux
Dont on craindra le geste et le signe des yeux :
Aussi, pour affirmer leur droit indubitable,
L'un d'eux met un tas d'or comme un poing sur la table.

L'étonnement est si rouge et fervent, que tous,
Bien que mornes, hagards, béants et comme fous,
Devant ce bloc soudain sorti de son armoire,
Le verre en main, la bouche ouverte, oublient de boire,

Et qu'il faut le rappel d'un porteur de cercueil
Pour ranimer en eux le jovial orgueil
De décanter au fond des bedaines la lave
D'ivresse et de fureur qui bout encor en cave.

LES VIEILLES

Les chairs, les belles chairs en fleur des gouges mortes,
Jeunes encore, où vont-elles ? et qui de nous
Les verra resplendir ailleurs, rouges et fortes,
Et les adorera, toujours à deux genoux !
Souvent, lorsque Juillet flamboie, on rêve d'elles,
De leurs beaux corps défunts, qu'on a connus jadis,
Et plus haut que ne va le vol des hirondelles,
Près des cieux, on croit voir de lointains paradis
Embrasés de lumière et tapissés de nues,
Où l'œil vainqueur, les seins sortis du corset d'or,
Des anneaux de rubis cerclant leurs jambes nues,
Le front plaqué d'un feu de soleil qui s'endort,

Les gouges dans leur gloire ardente se promènent,
Ah! celles-là, du moins, ont bien fait de mourir
Avant que les laideurs et les maux se déchaînent
Sur leur être superbe et trop beau pour souffrir.
Mais d'autres que voilà, toutes celles que l'âge
Courbe, casse, salit, ruine et rabougrit,
Qui subissent, l'échine en deux, le vasselage
Du cerveau qui s'ébête et du cœur qui pourrit,
Qui ne veulent crever, quoique jaunes, flétries,
Qui s'accrochent au monde et se sèchent d'aigreur,
Bien que les temps soient là des voluptés taries,
Sont celles que je hais, celles qui font horreur!
Ah chair de vieilles, chair veule, rèche, moisie,
Mauvaise chair, tout au plus bonne pour les vers,
Pourquoi ne pas, avant la sinistre étisie,
Purger de tes humeurs séniles les champs verts,
De ta lèpre l'air frais et de ta jalousie
Les beaux soirs, le soleil et les chemins d'amour?
Chair puante, pourquoi salir de toi la terre,
Et qu'avons-nous besoin de ta hideur? — Le jour!
Vois donc comme il jaillit flamboyant d'un cratère
D'aube, comme il émaille en bleu les cieux ardents,
Comme il rosit au front l'enfance et la jeunesse!
Pour vous, vieilles, le jour, c'est le masque sans dents,

C'est la paupière où du pus congelé se presse,
Faisant comme une plaie à chacun de vos yeux,
C'est le menton piqué de poils roux, c'est la teigne
Qui ronge par endroits le gris de vos cheveux,
C'est un cancer, servant à vos faces d'enseigne,
Ce sont vos deux sourcils râclés, ce sont vos seins
Clapotant sur les flancs leur flic-flac de vessie
Flasque, ce sont vos bras osseux, ce sont vos reins,
Vos doigts, vos mains, vos pieds gonflés d'hydropisie,
C'est votre corps entier, gluant, lépreux, perclus,
Carcasse répandant une telle asphyxie,
Que les chiens de la mort n'en voudront même plus !

AUX FLAMANDES D'AUTREFOIS

Au grand soleil d'été qui fait les orges mûres,
Et qui bronze vos chairs pesantes de santé,
Flamandes, montrez-nous votre lourde beauté
Débordante de force et chargeant vos ceintures.

Sur des tas de foin sec et fauché, couchez-vous !
Vos torses sont puissants, vos seins rouges de sève,
Vos cheveux sont lissés comme un sable de grève,
Et nos bras amoureux enlacent vos genoux.

Laissez-vous adorer, au grand air, dans les plaines,
Lorsque les vents chauffés tombent du ciel en feu,
Qu'immobiles d'orgueil, au bord de l'étang bleu,
Dans les midis vibrants et roux, trônent les chênes.

Au temps où les taureaux fougueux sentent venir
L'accès du rut, la fièvre affolante, hagarde,
Lorsque dans les vergers des fermes on regarde
Les jeunes étalons, le cou tendu, hennir ;

Lorsque l'immense amour dans les cœurs se décharge,
Lorsqu'ils s'enflent, au souffle intense de la chair,
Comme s'ouvre la voile aux rages de la mer,
Aux assauts redoublés d'un vent qui vient du large.

Telles, avec vos corps d'un éclat éternel,
Votre œil miroitant d'or, votre gorge fleurie,
Nous vous magnifions, femmes de la patrie,
Qui concentrez en vous notre Idéal charnel.

LES MOINES

1885

A GEORGES KHNOPFF

LES MOINES

Je vous invoque ici, Moines apostoliques,
Chandeliers d'or, flambeaux de foi, porteurs de feu,
Astres versant le jour aux siècles catholiques,
Constructeurs éblouis de la maison de Dieu ;

Solitaires assis sur les montagnes blanches,
Marbres de volonté, de force et de courroux,
Prêcheurs tenant levés vos bras à longues manches
Sur les remords ployés des peuples à genoux ;

Vitraux avivés d'aube et de matin candides,
Vases de chasteté ne tarissant jamais,
Miroirs réverbérant comme des lacs lucides
Des rives de douceur et des vallons de paix ;

Voyants dont l'âme était la mystique habitante,
Longtemps avant la mort, d'un monde extra-humain,
Torses incendiés de ferveur haletante,
Rocs barbares debout sur l'empire romain ;

Étendards embrasés, armures de l'Église,
Abatteurs d'hérésie à larges coups de croix,
Géants chargés d'orgueil que Rome immortalise,
Glaives sacrés pendus sur la tête des rois ;

Arches dont le haut cintre arquait sa vastitude,
Avec de lourds piliers d'argent comme soutiens,
Du côté de l'aurore et de la solitude,
D'où sont venus vers nous les grands fleuves chrétiens ;

Clairons sonnant le Christ à belles claironnées,
Tocsins battant l'alarme, à mornes glas tombants,
Tours de soleil de loin en loin illuminées,
Qui poussez dans le ciel vos crucifix flambants.

VISION

Vers une hostie énorme, au fond d'un large chœur,
Dans un temple bâti sur des schistes qui pendent,
Voici dix-huit cents ans que les moines ascendent
Et jettent vers le Christ tout le sang de leur cœur.

Le temple est assis haut, là-bas, où rien ne bouge ;
Du fond de l'univers, du Zénith, du Nadir,
On regarde l'hostie immense resplendir
Sous le jaillissement d'un grand soleil d'or rouge.

Et les moines, les saints, les vierges, les martyrs,
Foulant à pas égaux les routes ascétiques,
S'en viennent là, du fond de leurs cloîtres mystiques,
S'incendier l'esprit au feu des repentirs :

Les uns, n'ayant jamais péché, portent leur âme
Comme un faisceau de lys sur leur manteau brodé,
Ils ont le front de calme et d'ardeur inondé
Et dans leurs doigts d'argent ils portent une flamme ;

Il en est dont les reins se ceinturent d'orties
Et qui marchent, hagards, par les sentiers étroits,
Le dos raidi, les flancs creusés, les bras en croix,
La bouche effrayamment ouverte aux prophéties ;

D'autres, la gorge sèche et la poitrine en feu,
Sont les suppliciés de jeûne et de prière
Dont le corps s'éternise en des gestes de pierre
Et qui dans les déserts hurlent après leur Dieu.

Et tous s'en vont ainsi, vêtus de larges voiles,
Comme des marbres blancs qui marcheraient la nuit,
Qu'il fasse aurore ou soir, une clarté les suit
Et sur leur front grandi s'arrêtent les étoiles,

Et parvenus au temple ouvrant au loin son chœur,
Dans un recourbement d'ogives colossales,
Ils tombent à genoux sur la froideur des dalles
Et jettent vers leur Dieu tout le sang de leur cœur.

Le sang frappe l'autel et sur terre s'épanche,
Éclabousse de feu les murs éblouissants,
Mais quoi qu'ils aient souffert depuis dix-huit cents ans,
L'hostie est demeurée implacablement blanche.

SOIR RELIGIEUX

Sur le couvent qui dort, une paix d'ombre blanche
Plane mystiquement et, par les loins moelleux,
Des brouillards de duvet et des vols nébuleux
Égrènent en flocons leur neigeuse avalanche.

Le ciel d'hiver, empli d'un espace géant,
Nacre l'azur profond d'une clarté sereine ;
Il semble que la nuit tende sur de l'ébène
Des manteaux de silence et des robes d'argent.

Les peupliers penchant, pâles, leur profil triste,
Nimbé de lune, au bord des rives sans remous,
Avec un va-et-vient de balancement doux,
Font trembler leurs reflets dans les eaux d'améthyste.

A l'horizon, par où les longs chemins perdus
Marchent vers le matin, à la lueur des chaumes,
Flottent, au son du vent, des formes de fantômes
Qui rasent les gazons de leurs pieds suspendus.

Car c'est l'heure où, là-bas, les Anges, en guirlande,
Redescendent cueillir, mélancoliquement,
Dans les plaines de l'air muet, le lys dormant,
Le lys surnaturel qui fleurit la légende.

On les rêve passant sur les cimes, où luit,
Comme des baisers d'or, l'adieu de la lumière,
Ils vont par le sentier, le champ et la bruyère,
Et, le doigt sur la bouche, ils écoutent la nuit.

Et tel est le silence éclos autour du cloître
Et le mystère épars autour de l'horizon,
Qu'ils entendent la pure et belle floraison
Du pâle lys d'argent sur les montagnes croître.

LES CRUCIFÈRES

Avec leur manteau blanc, ouvert ainsi qu'une aile,
On les voit tout à coup illuminer la nuit
Dont le barbare et grand moyen âge crénèle
Le monde, où rien d'humain ni de juste ne luit.

C'est eux, quand l'Occident s'arme contre l'Asie,
Qui conduisent l'Europe à travers les déserts ;
Et les peuples domptés suivent leur frénésie,
Emportés, dans leur geste, au bout de l'univers !

C'est eux, les conseillers des pontifes suprêmes,
Qui démasquent le schisme et qui fixent les lois,
Qui se dressent debout. sous leurs vêtements blêmes,
Pour tirer d'adultère et de stupre leurs rois !

C'est eux, qui font flamber les bûchers d'or superbes,
A la gloire du Christ et des papes romains,
Où les feux rédempteurs échevèlent leurs gerbes
Et se nouent en serpents autour des corps humains !

C'est eux, les patients inquisiteurs des foules,
Qui jugent les pensers et pèsent les remords,
Avec de noirs regards traversant leurs cagoules
Et des silences froids comme la peau des morts !

C'est eux, la voix, le cœur et le cerveau du monde.
Tout ce qui fut énorme en ces temps surhumains
Grandit dans le soleil de leur âme féconde
Et fut tordu comme un grand chêne entre leurs mains !

Aussi, vienne leur fin solennelle et tragique,
Elle ébranle le siècle et jette un deuil si grand,
Que l'Histoire rebrousse en son cours héroïque,
Comme si leur cercueil eût barré son torrent.

SOIR RELIGIEUX

Le déclin du soleil étend, jusqu'aux lointains,
Son silence et sa paix comme un pâle cilice;
Les choses sont d'aspect méticuleux et lisse
Et se détaillent clair sur des fonds byzantins.

L'averse a sabré l'air de ses lames de grêle,
Et voici que le ciel luit comme un parvis bleu,
Et que c'est l'heure où meurt à l'occident le feu,
Où l'argent de la nuit à l'or du jour se mêle.

A l'horizon, plus rien ne passe, si ce n'est
Une allée infinie et géante de chênes,
Se prolongeant au loin jusqu'aux fermes prochaines.
Le long des champs en friche et des coins de genêt.

Ces arbres vont — ainsi des moines mortuaires
Qui s'en iraient, le cœur assombri par les soirs,
Comme jadis partaient les longs pénitents noirs
Pèleriner, là-bas, vers d'anciens sanctuaires.

Et la route d'amont toute large s'ouvrant
Sur le couchant rougi comme un plant de pivoines,
A voir ces arbres nus, à voir passer ces moines,
On dirait qu'ils s'en vont ce soir, en double rang,

Vers leur Dieu dont l'azur d'étoiles s'ensemence;
Et les astres, brillant là-haut sur leur chemin,
Semblent les feux de grands cierges, tenus en main,
Dont on n'aperçoit pas monter la tige immense.

MOINE ÉPIQUE

On eût dit qu'il sortait d'un désert de sommeil,
Où, face à face, avec les gloires du soleil,

Sur les pitons brûlés et les rochers austères,
S'endort la majesté des lions solitaires.

Ce moine était géant, sauvage et solennel,
Son corps semblait bâti pour un œuvre éternel;

Son visage, planté de poils et de cheveux,
Dardait tout l'infini par les trous de ses yeux;

Quatre-vingts ans chargeaient ses épaules tannées
Et son pas sonnait ferme à travers les années;

Son dos monumental se carrait dans son froc,
Avec les angles lourds et farouches d'un roc;

Ses pieds semblaient broyer des choses abattues
Et ses mains agripper des socles de statues,

Comme si le Christ-Dieu l'eût forgé tout en fer
Pour écraser sous lui les rages de l'enfer.

★

C'était un homme épris des époques d'épée,
Où l'on jetait sa vie aux vers de l'épopée,

Qui dans ce siècle flasque et dans ce temps bâtard,
Apôtre épouvantant de noir, venait trop tard,

Qui n'avait pu, suivant l'abaissement, décroître,
Et même était trop grand pour tenir dans un cloître,

Et se noyer le cœur dans le marais d'ennui
Et la banalité des règles d'aujourd'hui.

★

Il lui fallait le feu des grands sites sauvages,
Les rocs tortionnés de nocturnes ravages,

Le ciel torride et le désert et l'air des monts,
Et les tentations en rut des vieux démons,

Agaçant de leurs doigts la chair en fleur des gouges
Et lui brûlant la lèvre avec de grands seins rouges,

Et lui bouchant les yeux avec des corps vermeils,
Comme les eaux des lacs, avec l'or des soleils.

On se l'imaginait, au fond des solitudes,
Marmorisé dans la raideur des attitudes,

L'esprit durci, le cœur blême de chasteté,
Et seul, et seul toujours avec l'immensité.

On le voyait marcher au long des mers sonnantes,
Au long des bois rêveurs et des mares stagnantes,

Avec des gestes fous de voyant surhumain,
Et s'en venir ainsi vers le monde romain,

N'ayant rien qu'une croix, taillée au cœur des chênes,
Mais la bouche clamant les ruines prochaines,

Mais fixes les regards, mais énormes les yeux,
Barbare illuminé qui vient tuer les dieux.

★

Maintenant qu'il repose obscurément, sans bière,
Dans quelque coin boueux et gras de cimetière,

Saccagé par les vers, pourri, dissous, séché,
A voir le tertre énorme où son corps est couché,

On rêve aux tueurs d'ours, abattus dans la chasse,
A ces hommes d'un bloc de granit et de glace,

Que l'on n'enterrait point, mais dont les restes lourds,
Sur un bûcher tendu de soie et de velours,

Dans le décor géant des forêts allumées,
Au fond des soirs, là-bas, s'en allaient en fumées.

MOINE DOUX

Il est des moines doux avec des traits si calmes,
Qu'on ornerait leurs mains de roses et de palmes,

Qu'on formerait, pour le porter au-dessus d'eux,
Un dais pâlement bleu comme le bleu des cieux,

Et pour leurs pas foulant les plaines de la vie,
Une route d'argent d'un chemin d'or suivie.

Et par les lacs, le long des eaux, ils s'en iraient,
Comme un cortège blanc de lys qui marcheraient.

Ces moines, dont l'esprit jette un reflet de cierge,
Sont les amants naïfs de la Très Sainte Vierge,

Ils sont ses enflammés qui vont La proclamant
Étoile de la mer et feu du firmament,

Qui jettent dans les vents la voix de ses louanges,
Avec des lèvres d'or comme le chœur des anges,

Qui l'ont priée avec des vœux si dévorants
Et des cœurs si brûlés qu'ils en ont les yeux grands,

Qui la servent enfin dans de telles délices,
Qu'ils tremperaient leur foi dans le feu des supplices,

Et qu'Elle, un soir d'amour, pour les récompenser,
Donne aux plus saints d'entre eux son Jésus à baiser.

FÊTES MONACALES

A coups de cloche, à coups de trompe et de bourdon,
Au rouge déploiement des bannières claquantes,
La crosse droite en main, comme on tient l'espadon,
Front nu, torse en hauteur, allures attaquantes,
Les chevaux rythmant clair, de leurs sabots d'acier,
Quelque tintamarrante entrée au cœur des villes,
Les moines féodaux, bardés d'orgueil princier,
S'étalent tout en or dans les fêtes civiles ;
Le peuple qui les voit surgir dans la cité,
Avec des cris de foule en feu les accompagne ;
Sur les remparts un arc triomphal est planté,
Par où, sous le grand cintre encadrant la campagne,

Plus solennel encor semble entrer le soleil.
L'encens éploie au loin ses bleuâtres spirales :
Vingt grands abbés, la mitre au front, le doigt vermeil,
Règnent, monumentaux comme des cathédrales.
Le drapeau monacal se reflète à l'écart,
Pesant d'orgueil sacré, dans des lambris de marbre.
Vingt hérauts, plastronnés de soie et de brocart,
Sont fixés, tout debout, chacun au pied d'un arbre
Dont, feuille à feuille, on a doré le dôme entier.
Et le soleil chrétien voit ces luxes rebelles
Trôner dans la splendeur d'un vallon forestier
Et sous le va-et-vient des papales flabelles.
Un repas colossal souffle, fourneaux béants,
Éructant vers l'azur sa flamme et sa fumée,
Par les gueules de fer des soupiraux géants.
Une odeur de mangeaille et de chair allumée
Et de sauces fleurant les gras parfums huileux,
Plaque au palais et fait suinter d'aise les bouches.
Les sièges, les divans et les coussins moelleux
Cerclent la table encor vide, comme des couches.
L'air est coupé de longs effluves altérants ;
Sur les velums tendus le vent plisse des moires ;
Des corbeilles de fruits bombent leurs tons safrans
Sur des plintes de chêne et sur des bords d'armoires,

Et les échansons vifs passent, le bras orné
De la sveltesse en col de cygne des aiguières.

Dans l'attente et l'odeur du repas atourné,
Les abbés, écoutant les vœux et les prières
Que leur fait à genoux l'orgueil de leurs vassaux,
S'imprègnent de l'encens des lourdes flatteries.

La fête se prolonge au loin sous des arceaux
De guirlandes d'argent et de piques fleuries.
Le long des chemins verts, près des gueules des fours,
Des soldats, cuirassés d'acier et de lumières,
Campés sur leurs chevaux, au coin des carrefours,
Pointent leurs casques bleus sous un vol de bannières ;
Le soleil estival mord le fond d'un torrent,
Allume les rochers et fait craquer les chênes ;
Dans les hameaux, tout un peuple tintamarrant
Se prépare, brutal, aux kermesses prochaines,
Où son rut roulera comme un fleuve au travers,
Et des étalons roux, la prunelle élargie,
Le ventre frémissant et les naseaux ouverts,
Tendent leurs cous gonflés du côté de l'orgie.

Enfin, la table est prête et dresse ses couverts.
Les vingt abbés, la croix d'argent sur leurs poitrines,
Sous les arbres dorés aux feuillages roussis,
Humant les lourds pâtés, les lards et les terrines,
Flanqués chacun d'un haut vassal, se sont assis.
On sert des paons, la queue épanouie en lyre ;
Des porcs, les flancs mordus de tridents ciselés ;
Des cuissots roux dont les odeurs d'ambre et de myrrhe
Fument d'entre les dents de grands bois crénelés ;
Aussi le grand gibier des cuisines royales :
Les sangliers, dont la hure, dans le festin,
Haineusement grimace et courbe ses crocs pâles,
Les aloyaux et les rognons de bouquetin,
Les filets raffinés, les volailles farcies,
Les daims sanglants, tués la nuit, aux alentours,
Les faisans adornés de grappes cramoisies
Et la chair des chevreuils avec des langues d'ours.

A gauche, au coin d'un lourd massif, entouré d'ormes,
Sur les tréteaux vêtus de velours damassés,
On mime, avec des cris et des clameurs énormes,
Jérusalem conquise et l'assaut des Croisés,
Le glaive au vent, sur la douve monumentale,

D'abord s'avance au pas le héros Godefroi,
Levant sur l'Orient la croix occidentale,
Le duc de Normandie en vêtements d'orfroi,
Pierre l'Ermite, assis sur sa mule âpre et raide,
Bohemond, Adhemar, Hugues de Vermandois,
Robert de Flandre, et là, fier entre tous, Tancrède.
La gloire est magnifique à ces faiseurs d'exploits.
On lutte à corps serré, pied à pied, et les casques,
Les heaumes, les armets, sonnent clair sous les coups,
Les glaives vont tournant en sanglantes bourrasques,
On s'agrippe : Chrétien dessus, Maure dessous,
Roulent noueusement dans le flux des mêlées,
Des cimeterres bleus luisent, éclairs de deuil,
Heurtant d'un choc d'acier les masses dentelées,
Et les pennons tenus debout comme un orgueil.
Les cœurs sont furieux, les têtes allumées.
On entend le grand cri : Notre-Dame et Noël !
Et cet emmêlement des deux larges armées
Fait croire un long instant que le heurt est réel.

Les Turcs creusent les rangs de sanglantes ornières ;
Les Chrétiens vers le ciel, d'un regard plus fervent,
S'exaltent ; on ne sait laquelle des bannières

Triomphale et levée ira claquante au vent,
Quel symbole mourra de mort rouge, quel monde
Tiendra sous sa lourdeur l'autre monde écrasé
Quand par-dessus les flots de la tuerie immonde,
Vêtu d'un long manteau d'argent fleurdelysé,
Surgit, debout, l'archange, avec sa cour de gloires,
Avec ses cheveux fiers, avec son pied dompteur,
Avec ses doigts dorés, d'où tombent les victoires.
Et l'Asie est conquise au Christ inspirateur.

A droite, un lent cortège altier de filles belles,
Vierges superbement, les cheveux en camail
Sur l'épaule, le corps orné de brocatelles,
La ceinture bouclée avec fermoirs d'émail,
Lentes, et sur un pas de rythme ancien, procède.
Elles ne font qu'aller, que venir, que passer.
L'horizontal soleil, tout en splendeur, obsède
De ses glissants rayons leur front, et vient baiser
Les bijoux solennels qui pavoisent leurs tempes
Et leur col frais et nu jusqu'au vallon des seins.
Les premières s'en vont en rang, levant les hampes
De l'oriflamme et des drapeaux diocésains,
Le front caché suivant le vol des broderies,
Les doigts cerclés d'argent et les poignets d'airain.

D'autres viennent, tenant de sveltes armoiries,
Des tortils monacaux et blancs, où le burin
Tailla sur fond d'azur des mitres crénelées ;
D'autres, devant leurs pas égaux sèment des fleurs ;
D'autres, les pieds battus de traînes déferlées,
Les yeux auréolés de prière et de pleurs,
Passent, symbolisant les lentes litanies,
Avec des cartels d'or et des emblèmes bleus.
Et tel, ce défilé, coulant ses symphonies
Et sa mobilité de couleurs et de feux,
Parmi le déploiement des ruts et des ripailles,
Attire l'œil des grands moines enluminés
Qui, par-dessus les plats des lourdes victuailles,
Penchent leur face énorme et leurs sens tisonnés.

Aux coupes, aux hanaps, les échansons encore
Versent les vins de France et les cidres normands.
Il flambe des parfums aux éclairs de phosphore
Dans les ventres ouverts des cratères fumants.
Les vents passent, tordant leurs feux en chevelures,
Et s'imprègnent d'encens et l'épandent au loin
Et le roulent parmi les flux des moissons mûres
Et la marée en fleur de l'avoine et du foin,
Tandis qu'arrive, rouge, à travers champs, la houle

Des vacarmes touffus et des débordements
Et des grosses clameurs et des ruts de la foule.
On devine, là-bas, dans les hameaux fumants
De liesse à pleins instincts et de joie à pleins ventres,
Serves et serfs, patauds et pataudes, tous soûls,
Les gars, luttant entre eux comme les loups des antres,
Et les femmes hurlant autour, les regards fous.

Enfin, le long repas finit, et les lumières,
Dans les massifs géants, larment l'obscurité,
L'ombre descend des monts aux heures coutumières,
Le ciel s'étend immense ainsi qu'un drap lacté
Sur les étangs rêveurs et les plaines songeuses.

Mais bien qu'il fasse soir, les bruits croissent toujours
Et montent plus grouillants des plèbes tapageuses
Et roulent plus tonnants vers les échos des bourgs,
Jusqu'à ce que minuit tombe sur les villages
Et que les moines las, mis en joie et repus,
Quittent la fête ardente encor.
      Leurs attelages
Sont amenés, timons ornés, chevaux trapus.
On les y voit monter, la face au vin rougie,

Et s'en aller par les routes à travers bois,
Faisant, de loin en loin, sur la foule et l'orgie
Avec leurs mains en or de lents signes de croix.

L'HÉRÉSIARQUE

Et là, ce moine noir, que vêt un froc de deuil,
Construit, dans sa pensée, un monument d'orgueil.

Il le bâtit, tout seul, de ses mains taciturnes,
Durant la veille ardente et les fièvres nocturnes.

Il le dresse, d'un jet, sur les Crédos béants,
Comme un phare de pierre au bord des océans,

Il y scelle sa fougue et son ardeur mystique,
Et sa fausse science et son doute ascétique,

Il y jette sa force et sa raison de fer.
Et le feu de son âme et le cri de sa chair,

Et l'œuvre est là, debout, comme une tour vivante,
Dardant toujours plus haut sa tranquille épouvante,

Empruntant sa grandeur à son isolement,
Sous le défi serein et clair du firmament,

Cependant qu'au sommet des rigides spirales
Luisent sinistrement, comme des joyaux pâles,

Comme de froids regards, toisant Dieu dans les cieux,
Les blasphèmes du grand moine silencieux.

★

Aussi vit-il, tel qu'un suspect parmi ses frères,
Tombeau désert, vidé de vases cinéraires,

Damné d'ombre et de soir, que Satan ronge et mord,
Lépreux moral, chauffant contre sa peau la mort,

Le cœur tortionné, durant des nuits entières,
La bouche morte aux chants sacrés, morte aux prières,

Le cerveau fatigué d'énormes tensions,
Les yeux brûlés au feu rouge des visions,

Le courage hésitant, malgré les clairvoyances,
A rompre effrayamment le plain-chant des croyances,

Qui par le monde entier s'en vont prenant l'essor
Et dont Rome, là-bas, est le colombier d'or,

Jusqu'au jour où, poussé par sa haine trop forte,
Il se possède enfin et clame sa foi morte

Et se carre massif, sous l'azur déployé,
Avec son large front vermeil de foudroyé.

★

Alors il sera grand de la grandeur humaine,
Son orgueil flamboiera sous la foudre romaine,

Son nom sera crié dans la rage et l'amour,
Son ombre, projetée, obscurcira le jour,

Les prêches, les écrits, les diètes, les écoles,
Les sectes germeront autour de ses paroles.

Le monde entier, promis par les papes aux rois,
Sur le vieux sol chrétien verra trembler la croix,

Les disputes, les cris, les querelles, les haines,
Les passions et les fureurs, rompant leurs chaînes,

Ainsi qu'un troupeau roux de grands fauves lâchés,
Broieront, entre leurs dents, les dogmes desséchés,

Un vent venu des loins antiques de la terre
Éteindra les flambeaux autour du sanctuaire,

Et la nuit l'emplira morne, comme un cercueil,
Depuis l'autel désert jusqu'aux marches du seuil,

Tandis qu'à l'horizon luiront des incendies,
Des glaives furieux et des crosses brandies.

LES CLOITRES

Aux siècles féodaux, quand tiares et croix
Soudainement dans les guerres dégringolées,
S'ensanglantaient autant que les glaives des rois
Et se cassaient au heurt des superbes mêlées,
Les évêques jugeaient la plainte et le grief;
Leur donjon mordait l'air de ses créneaux gothiques ;
Ils n'avaient cure et soin jamais que de leur fief;
Ils se disaient issus des déesses mythiques ;
Leurs cœurs étaient d'airain, mais leurs cerveaux battus,
Comme une enclume en bronze, étaient tintants de gloire.
Ces temps passaient de fer et de splendeur vêtus
Et le progrès n'avait encor de sa râcloire

Rien enlevé de grand, de féroce et de gourd
Au monde, où se taillaient les blocs des épopées.
Quelque moine en était le dompteur rouge et lourd,
Mais moins à coups de croix qu'à taillades d'épées,
Il inspirait, au peuple agenouillé, frayeur ;
Aux grands, respect ; aux chefs, il parlait de puissance
Qui leur venait d'en haut et plongeait en torpeur
Les serfs dont il fallait étouffer la croissance.

Et naquirent alors des cloîtres fabuleux,
En des enfoncements de bois et de mystères :
D'abord gardiens sacrés de morts miraculeux,
Ils vécurent ayant des rois pour donataires,
Et des princes, vassaux de Dieu, pour protecteurs ;
Ils devinrent château, puis bourgade et village ;
Ils grandirent — cité géante — et leurs tuteurs
Mirent le féodal pouvoir en attelage
Au-devant de leur brusque et triomphal soleil.
Et, dans ce flamboiement de grandeurs monastiques,
Sur le trône de pourpre et sous le dais vermeil,
S'élargissait l'orgueil des grands abbés gothiques :
Hommes sacrés, couverts du manteau suzerain,
Eblouissant leur temps de leurs majestés pâles
Et, pareils à des dieux de granit et d'airain,

Assis, les pieds croisés sur les foudres papales.

C'était au fond de ces monastères hautains
Que le dogme du Christ, ouvrant ses bras au monde,
S'armait pour l'avenir et forgeait ses destins.
Les moines travaillés de passion féconde,
Portant des cœurs de fer dans leurs torses de feu,
Trop lourds pour s'appuyer sur la raison fragile,
Dans les buccins faisaient sonner le nouveau Dieu.
Sur un pavois de guerre ils dressaient l'Evangile,
La garde de leur glaive était sculptée en croix,
Saint Michel écrasait la payenne Bellone,
Et Rome avait un roi qui par-dessus les rois
Haussait un front bâti pour la triple couronne.

Ils trônèrent pareils, les cloîtres lumineux,
Jusqu'au jour où les vents de la Grèce fatale
Jetèrent brusquement leurs souffles vénéneux
A travers la candeur de l'âme occidentale.
Le monde émerveillé s'emplit d'esprit nouveau.
Mais les moines soudain grandirent à sa taille,
La puissance monta des bras à leur cerveau :
Eux qui jadis, géants d'orgueil de la bataille,

Passaient, pennons au vent, dans les rouges assauts,
Se dressèrent, géants d'étude et de pensée.
Ils portèrent ainsi que de puissants faisceaux
Devant leur Christ nié, devant leur foi chassée,
Qui se penchait déjà du côté de la nuit,
Leur cœur brûlant toujours de sa flamme première.
Et l'idéal superbe et noir fut reconstruit,
Et tout en haut la croix monta dans la lumière.
Et les livres chrétiens, les Sommes, les Décrets,
Les grands éclairs jetés au loin par les génies
Sur la philosophie humaine et ses secrets,
Sur les mondes, les cieux, les morts, les agonies,
Les éternels pourquois et le tressaillement
De l'univers en proie aux angoisses mystiques,
Et les dogmes nimbés, mélancoliquement,
Et s'asseyant rêveurs, dans leur robes gothiques,
Et les torches, avec des crinières de sang
Échevelant au loin leur clarté mortuaire
Sur les peuples chrétiens frappés, le doute au flanc,
Et la blancheur du lange et celle du suaire,
Un monde qui commence, un monde qui finit,
Tout un dardement d'or de lumière mêlée
Refrappa de splendeur l'assise du granit,
Où les moines dressaient leur foi renouvelée.

Tels se maintinrent-ils — et rien de leur orgueil
N'était depuis mille ans descendu de leur tête.

Mais aujourd'hui, dans le mépris et dans le deuil,
Dans l'isolement blême où leur fierté végète,
Dans le dédain, c'est à jamais qu'ils sont défunts,
Qu'ils sont couchés, qu'ils sont endormis dans leurs coules,
Qu'ils sont les morts, les morts sans cierges, sans parfums,
Sans pleurs, les morts géants insultés par les foules,
Au fond des cloîtres froids et des caveaux scellés,
Au loin, dans leur silence et dans leur cimetière.
Pauvres moines ! — ou Dieu vous a-t-il consolés
Et donné votre part de ciel et de lumière ?

CROQUIS DE CLOITRE

En automne, dans la douceur des mois pâlis,
Quand les heures d'après-midi tissent leurs mailles,
Au vestiaire, où les moines, en blancs surplis,
Rentrent se dévêtir pour aller aux semailles,

Les coules restent pendre à l'abandon. Leur plis
Solennellement droits descendent des murailles,
Comme des tuyaux d'orgue et des faisceaux de lys,
Et les derniers soleils les tachent de médailles.

Elles luisent ainsi sous la splendeur du jour,
Le drap pénétré d'or, d'encens et d'orgueil lourd,
Mais quand s'éteint au loin la diurne lumière,

Mystiquement, dans les obscurités des nuits,
Elles tombent, le long des patères de buis,
Comme un affaissement d'ardeur et de prière.

MOINE SIMPLE

Ce convers recueilli sous la soutane bise
Cachait l'amour naïf d'un saint François d'Assise.

Tendre, dévotieux, doux, fraternel, fervent,
Il était jardinier des fleurs dans le couvent.

Il les aimait, le simple, avec toute son âme,
Et ses doigts se chauffaient à leurs feuilles de flamme.

Elles lui parfumaient la vie et le sommeil,
Et pour elles, c'était qu'il aimait le soleil

Et le firmament pur et les nuits diaphanes,
Où les étoiles d'or suspendent leurs lianes.

Tout enfant, il pleurait aux légendes d'antan
Où sont tués des lys sous les pieds de Satan,

Où dans un infini vague, fait d'apparences,
Passent des séraphins parmi des transparences.

Où les vierges s'en vont par de roses chemins,
Avec des grands missels et des palmes aux mains,

Vers la mort accueillante et bonne et maternelle
A ceux qui mettent l'or de leur espoir en elle.

★

Aux temps de Mai, dans les matins auréolés
Et l'enfance des jours vaporeux et perlés,

Qui font songer aux jours mystérieux des limbes
Et passent couronnés de la clarté des nimbes,

Il étalait sa joie intime et son bonheur,
A parer de ses mains l'autel, pour faire honneur

A la très douce et pure et benoîte Marie,
Patronne de son cœur et de sa closerie.

Il ne songeait à rien, sinon à l'adorer,
A lui tendre son âme entière à respirer,

Rose blanche, si frêle et si claire et si probe,
Qu'elle semblait n'avoir connu du jour que l'aube,

Et qu'au soir de la mort, où, sans aucun regret,
Jusqu'aux jardins du ciel, elle s'envolerait

Doucement de sa vie obscure et solitaire,
N'ayant rien laissé d'elle aux buissons de la terre,

Le parfum, exhalé dans un soupir dernier,
Serait depuis longtemps connu du ciel entier.

AUX MOINES

Moines venus vers nous des horizons gothiques,
Mais dont l'âme, mais dont l'esprit meurt de demain,
Qui retrempez l'amour dans ses sources mystiques
Et le purifiez de tout l'orgueil humain,
Vous marchez beaux et forts par les routes des hommes,
L'esprit encor fixé sur les feux de l'enfer,
Depuis les temps lointains jusqu'au jour où nous sommes,
Dans les âges d'argent et les siècles de fer,
Toujours du même pas sacerdotal et large.
Seuls vous survivez grands au monde chrétien mort,
Seuls sans ployer le dos vous en portez la charge
Comme un royal cadavre au fond d'un cercueil d'or.

Moines — oh! les chercheurs de chimères sublimes —
Vos rêves, ils s'en vont par delà les tombeaux,
Vos yeux sont aimantés par la lueur des cimes,
Vous êtes les porteurs de croix et de flambeaux
Autour de l'idéal divin que l'on enterre.
Oh! les moines vaincus, altiers, silencieux,
Oh! les géants debout sur les bruits de la terre,
Faces d'astres, brûlés par les astres des cieux,
Qui regardez crier autour de vous les foules
Sans que la peur ne fasse un pli sur votre front
Ni que le vent d'effroi n'en fasse un dans vos coules;
Oh! les moines que les siècles contempleront,
Moines grandis, parmi l'exil et les défaites,
Moines chassés, mais dont les vêtements vermeils
Illuminent la nuit du monde, et dont les têtes
Passent dans la clarté des suprêmes soleils,
Nous vous magnifions, nous les poètes calmes,
Et puisque rien de fier n'est aujourd'hui vainqueur,
Puisqu'on a déchiré les lauriers et les palmes,
Moines, grands isolés de pensée et de cœur,
Avant que la dernière âme ne soit tuée,
Mes vers vous bâtiront de mystiques autels
Sous le velum errant d'une chaste nuée,
Afin qu'un jour cette âme aux désirs éternels,

Pensive et seule et triste, au fond de la nuit blême,
De votre gloire éteinte allume encor le feu,
Et songe à vous encor quand le dernier blasphème
Comme une épée immense aura transpercé Dieu!

CROQUIS DE CLOITRE

Sous un pesant repos d'après-midi vermeil,
Les stalles, en vieux chêne éteint, sont alignées,
Et le jour traversant les fenêtres ignées
Étale, au fond du chœur, des nattes de soleil.

Et les moines dans leurs coules toutes les mêmes,
— Mêmes plis sur leur manche et même sur leur froc,
Même raideur et même attitude de roc —
Sont là, debout, muets, plantés sur deux rangs blêmes.

Et l'on s'attend à voir ces immobilités
Brusquement se disjoindre et les versets chantés
Rompre, à tonnantes voix, ces silences qui pèsent;

Mais rien ne bouge au long du sombre mur qui fuit,
Et les heures s'en vont, par le couvent, sans bruit,
Et toujours et toujours les grands moines se taisent.

SOIR RELIGIEUX

Des villages plaintifs et des champs reposés,
Voici que s'exhalait, dans la paix vespérale,
Un soupir doucement triste comme le râle
D'une vierge qui meurt pâle, les yeux baissés,

Le cœur en joie et tout au ciel déjà tendante.
 Les vents étaient tombés. Seule encor remuait,
Là-bas, vers le couchant, dans l'air vide et muet,
Une cloche d'église à d'autres répondante

Et qui sonnait, sous sa mante de bronze noir,
Comme pour un départ funéraire d'escortes,
Vers des lointains perdus et des régions mortes,
La souffrance du monde éparse au fond du soir.

C'était un croisement de voix pauvres et lentes,
Si triste et deuillant qu'à l'entendre monter,
Un oiseau quelque part se remit à chanter,
Très faiblement, parmi les ramilles dolentes,

Et que les blés, calmant peu à peu leur reflux,
S'aplanirent — tandis que les forêts songeuses
Regardaient s'en aller les routes voyageuses,
A travers les terreaux, vers les doux angelus.

CROQUIS DE CLOITRE

Dans le cadre de leurs frises historiées
Et le déroulement de leurs meneaux étroits,
Contre le mur lépreux des cours armoriées,
Les douze stations du chemin de la croix,

Toutes en marbre blanc, montent appariées :
L'usure de l'hiver a râclé leurs parois
Et les scènes de deuil se sont excoriées,
Sous la râpe des vents et sous la dent des froids.

C'est là, quand les lointains sur fond d'or se burinent,
Qu'au son de bourdons sourds, les moines pèlerinent,
Lignant de leur fantôme en noir ces grands décors,

Où le soir lumineux, plein de mélancolie,
Lent ensevelisseur des jours finis, replie
Ses linceuls de soleil sur les horizons morts.

RENTRÉE DES MOINES

I

On dirait que le site entier sous un lissoir
Se lustre et dans les lacs voisins se réverbère;
C'est l'heure où la clarté du jour d'ombres s'obère,
Où le soleil descend les escaliers du soir.

Une étoile d'argent lointainement tremblante,
Lumière d'or, dont on n'aperçoit le flambeau,
Se reflète mobile et fixe au fond de l'eau
Où le courant la lave avec une onde lente.

A travers les champs verts s'en va se déroulant
La route dont l'averse a lamé les ornières;

Elle longe les noirs massifs des sapinières
Et monte au carrefour couper le pavé blanc.

Au loin scintille encore une lucarne ronde
Qui s'ouvre ainsi qu'un œil dans un pignon rongé :
Là, le dernier reflet du couchant s'est plongé,
Comme, en un trou profond et ténébreux, la sonde.

Et rien ne s'entend plus dans ce mystique adieu,
Rien — le site vêtu d'une paix métallique
Semble enfermer en lui, comme une basilique,
La présence muette et nocturne de Dieu.

II

Alors les moines blancs rentrent aux monastères,
Après secours portés aux malades des bourgs,
Aux remueurs cassés de sols et de labours,
Aux gueux chrétiens qui vont mourir, aux grabataires,

A ceux qui crèvent seuls, mornes, sales, pouilleux
Et que nul de regrets ni de pleurs n'accompagne
Et qui pourriront nus dans un coin de campagne,
Sans qu'on lave leur corps ni qu'on ferme leurs yeux,

Aux mendiants mordus de misères avides,
Qui, le ventre troué de faim, ne peuvent plus
Se béquiller là-bas vers les enclos feuillus
Et qui se noient, la nuit, dans les étangs livides.

Et tels les moines blancs traversent les champs noirs,
Faisant songer au temps des jeunesses bibliques
Où l'on voyait errer des géants angéliques,
En longs manteaux de lin, dans l'or pâli des soirs.

III

Brusques, sonnent au loin des tintements de cloche,
Qui cassent du silence à coups de battant clair
Par-dessus les hameaux, jetant à travers l'air
Un long appel, qui long, parmi l'écho, ricoche.

Ils redisent que c'est le moment justicier
Où les moines s'en vont au chœur chanter Ténèbres
Et promener sur leurs consciences funèbres
La froide cruauté de leurs regards d'acier.

Et les voici priant : tous ceux dont la journée
S'est consumée au long hersage en pleins terreaux,
Ceux dont l'esprit sur les textes préceptoraux
S'épand, comme un reflet de lumière inclinée.

Ceux dont la solitude âpre et pâle a rendu
L'âme voyante et dont la peau blême et collante
Jette vers Dieu la voix de sa maigreur sanglante,
Ceux dont les tourments noirs ont fait le corps tordu.

Et les moines qui sont rentrés aux monastères,
Après visite faite aux malheureux des bourgs,
Aux remueurs cassés de sols et de labours,
Aux gueux chrétiens qui vont mourir, aux grabataires,

A leurs frères pieux disent, à lente voix,
Qu'au dehors, quelque part, dans un coin de bruyère,
Il est un moribond qui s'en va sans prière
Et qu'il faut supplier, au chœur, le Christ en croix,

Pour qu'il soit pitoyable aux mendiants avides
Qui, le ventre troué de faim, ne peuvent plus
Se béquiller au loin vers les enclos feuillus
Et qui se noient, la nuit, dans les étangs livides.

Et tous alors, tous les moines, très lentement,
Envoient vers Dieu le chant des lentes litanies;
Et les anges qui sont gardiens des agonies
Ferment les yeux des morts, silencieusement.

CROQUIS DE CLOITRE

Tout blancs et comme emplis des tristesses passées,
Que redisent leurs voix dans un écho pleureur,
Sous le recourbement des voûtes surbaissées,
Les corridors claustraux allongent leur terreur.

Les murs sont recouverts de triptyques funèbres,
Où des crucifiements pendent écartelés,
Le jour frappant à cru les divines vertèbres
Et dorant de soleil les clous vermiculés.

Et de large et de long des couloirs clairs et sombres,
Tantôt dans la lumière et tantôt dans les ombres,
Avec un bruit frôlant de coules et de pas,

Des moines recueillis vont, se croisent, s'effacent...
Et tous prient Dieu les uns pour les autres et passent
Et tous s'aiment en lui, ne se connaissant pas.

MOINE SAUVAGE

On trouve encor de grands moines que l'on croirait
Sortis de la nocturne horreur d'une forêt.

Ils vivent ignorés en de vieux monastères,
Au fond du cloître, ainsi que des marbres austères.

Et l'épouvantement des grands bois résineux
Roule avec sa tempête et sa terreur en eux,

Leur barbe flotte au vent comme un taillis de verne,
Et leur œil est luisant comme une eau de caverne.

Et leur grand corps drapé des longs plis de leur froc
Semble surgir debout dans les parois d'un roc.

Eux seuls, parmi ces temps de grandeur outragée,
Ont maintenu debout leur âme ensauvagée;

Leur esprit, hérissé comme un buisson de fer,
N'a jamais remué qu'à la peur de l'enfer;

Ils n'ont jamais compris qu'un Dieu porteur de foudre
Et cassant l'univers que rien ne peut absoudre,

Et des vieux Christs hagards, horribles, écumants,
Tels que les ont grandis les maîtres allemands,

Avec la tête en loque et les mains large-ouvertes;
Et les deux pieds crispés autour de leurs croix vertes;

Et les saints à genoux sous un feu de tourment,
Qui leur brûlait les os et les chairs lentement;

Et les vierges, dans les cirques et les batailles,
Donnant aux lions roux à lécher leurs entrailles;

Et les pénitents noirs qui, les yeux sur le pain,
Se laissaient, dans leur nuit rouge, mourir de faim.

Et tels s'useront-ils en de vieux monastères.
Au fond du cloître, ainsi que des marbres austères.

SOIR RELIGIEUX

Vers une lune toute grande,
Qui reluit dans un ciel d'hiver,
Comme une patène d'or vert,
Les nuages vont à l'offrande.

Ils traversent le firmament,
Qui semble un chœur plein de lumières,
Où s'etageraient des verrières
Lumineuses obscurément.

Si bien que ces nuits remuées
Mirent au fond de marais noirs,
Comme en de colossaux miroirs,
La messe blanche des nuées.

MOINE FÉODAL

D'autres, fils de barons et de princes royaux,
Gardent amples et clairs leurs orgueils féodaux.

On les établit chefs de larges monastères
Et leur nom resplendit dans les gloires austères :

Ils ont, comme jadis l'aïeul avait sa tour,
Leur cloître pour manoir et leurs moines pour cour.

Ils s'assoient dans les plis cassés droits de leurs bures,
Tels que des chevaliers dans l'acier des armures;

Ils portent devant eux leur grande crosse en buis,
Majestueusement, comme un glaive conquis;

Ils parlent au chapitre en justiciers gothiques,
Et leur arrêt confond les pénitents mystiques;

Ils rêvent de combats dont Dieu serait le prix
Et de guerre menée à coups de crucifix;

Ils sont les gardiens blancs des chrétiennes idées,
Qui restent au couchant sur le monde accoudées;

Ils vivent sans sortir de leur rêve infécond,
Mais ce rêve est si haut qu'on ne voit pas leur front;

Leur chimère grandit et monte avec leur âge
Et monte d'autant plus qu'on la cingle et l'outrage;

Et jusqu'au bout leur foi luira d'un feu vermeil,
Comme un monument d'or ouvert dans le soleil.

CROQUIS DE CLOITRE

Le chœur, alors qu'il est sombre et dévotieux,
Et qu'un recueillement sur les choses s'embrume,
Conserve encor dans l'air que l'encens bleu parfume
Comme un frisson épars des hymnes spacieux.

La gravité des longs versets sentencieux
Reste debout comme un marteau sur une enclume,
Et l'antienne du jour, plus blanche que l'écume,
Remue encor son aile au mur silencieux.

On les entend frémir et vibrer en son âme;
C'est à leur frôlement que vacille la flamme
Devant le tabernacle, — et que les saints sculptés

Gardent, près des piliers, leurs poses extatiques,
Comme s'ils entendaient toujours les grands cantiques
Autour de leur prière en sourdine chantés.

UNE ESTAMPE

Le corps émacié sous des voiles ballants,
La couronne de fer et d'or mordant la tempe,
L'impérière la mort règne dans une estampe,
Noire d'usure et d'ombre et vieille de mille ans.

Car cette estampe ornait jadis l'hôtellerie
D'un cloître bernardin relevant de Clairvaux ;
Ceux qui pélerinaient par bourgs, par bois, par vaux,
Le soir, étaient hantés par cette allégorie,

Quand, les rêves lassés et les pensers contrits,
Ils s'arrêtaient pour y dormir au monastère,
Et que le grand dortoir livide et solitaire,
Avec tout son silence, entrait dans leurs esprits.

Elle exerçait alors l'intime pénétrance
D'un art hostile à l'homme et pourtant recherché
Des cerveaux inquiets de grâce et de péché
Et des cœurs tourmentés par l'énigme et l'outrance.

On sentait que celui qui l'avait faite ainsi
Était un maître ardent, tourmenté de magie,
Qui cherchait dans la peur du cercueil l'énergie
De rester dans sa foi catholique endurci.

Que de regards avaient passé sur cette image !
Que de baisers chrétiens et de pleurs pénitents,
Sur le macabre et grand squelette, à qui les temps
Avaient donné le ton d'un rugueux étamage !

Que de pensers remplis de deuil et d'infini !
Que de lèvres déjà froides et solennelles
Et qui n'avaient laissé d'autre souvenir d'elles
Qu'un peu de leur moiteur sur le vélin terni !

Oh ! les vieux pèlerins des grands siècles austères,
Oh ! les passants perdus par l'espace lointain,
Ceux qui s'en vinrent hier, ceux qui viendront demain,
Les résignés, les forts, les purs, les solitaires !

Oh! les bouches en feu qui l'aimeront encor,
Les innombrables mains qui de leurs doigts d'argile
L'attoucheront, avec un tremblement fébrile,
Et qui toutes seront mortes, avant la mort!

CROQUIS DE CLOITRE

A pleine voix — midi soleillant au dehors
Et les chants reposant — les nones sont chantées,
Dans un balancement de phrases répétées
Et hantantes, comme un rappel de grands remords.

Et peu à peu les chants prennent de tels essors,
Les antiennes sont sur de tels vols portées,
A travers l'ouragan des notes exaltées,
Que tremblent les vitraux au fond des corridors.

Le jour tombe en draps clairs et blancs par les fenêtres;
On dirait voir pendus de grands manteaux de prêtres
A des clous de soleil. Mais soudain, lentement,

Les moines dans le chœur taisent leurs mélodies
Et, pendant le repos entre deux psalmodies,
Il vient de la campagne un lointain meuglement.

MÉDITATION

Heureux, ceux-là, Seigneur, qui demeurent en toi,
Le mal des jours mauvais n'a point rongé leur âme,
La mort leur est soleil et le terrible drame
Du siècle athée et noir n'entame point leur foi.

Obscurs pour nos regards, ils sont pour toi les lampes,
Que les anges sur terre, avec leurs doigts tremblants,
Allument dans les soirs mortuaires et blancs
Et rangent comme un nimbe à l'entour de tes tempes.

Heureux le moine doux, pour qui l'orgueil n'est point,
Dont les yeux n'ont jamais, si ce n'est en prière,
Comme des braises d'or avivé leur lumière
Et dont l'amour retient le cœur à ton cœur joint.

Son esprit lumineux, telle une aube pascale,
Jette des feux pieux comme des fleurs de ciel ;
Il marche sans péché, ni désir véniel,
Comme en une fraîcheur de paix dominicale.

Heureux le moine saint s'abattant à genoux,
Devant ta croix, dressant au ciel ses larges charmes,
Et qui lave ton nom avec les mêmes larmes
Que nous prostituons à nos douleurs à nous.

Son cœur est tel qu'un lac dans la montagne blanche,
Qui réverbère en ses pâles miroirs dormants
Et ses vagues de prisme emplis de diamants
Toute clarté de Dieu qui sur terre s'épanche.

Heureux le moine rude, ardent, terrible, amer,
Dont le sang se déperd aux larmes des supplices,
Dont la peau se lacère aux griffes des cilices
Et qui traîne vers toi les loques de sa chair.

Pour en tordre le mal, ses mains tortionnaires
Ont d'un si noir effort étreint son corps pâmé,
Qu'il n'est plus qu'âme enfin et qu'il vit sublimé,
Tout seul, comme un rocher meurtri par les tonnerres.

Heureux les moines grands, heureux tous ceux qui vont
Là-bas, en des chemins de paix et de prière,
Les regards aimantés par la vague lumière
Qui se fait deviner par delà l'horizon.

LES CONVERSIONS

De quels horizons noirs ou de quels lointains d'or
Accourez-vous au seuil du cloître aride et terne,
Grands ascètes chrétiens, qui seuls tenez encor,
Debout, votre Dieu mort, sur le monde moderne ?

Toi, moine âpre et superbe et grand, moine-flambeau,
Moine silencieux, dont l'âme exaspérée
Et ténébreuse a pris le cloître pour tombeau,
Depuis que Dieu parut dans ta vie effarée,
Comme une torche en feu sur l'horizon des soirs,
Ta volonté d'airain superbement maîtresse
A dompté tes désirs, à bridé tes espoirs

Et fait crier ton cœur d'angoisse et de détresse.
Mais ton humilité, c'est encor de l'orgueil :
Tu restes roi, dans ta servitude claustrale,
Dans ton obéissance à tous et dans ton deuil.
La règle en sa vigueur grave et préceptorale,
Dont les convers pieux suivent les sentiers d'or,
Tu l'exagères tant que c'est toi qui domines.
Ton front est fier, tes yeux victorieux encor,
Les lins de tes manteaux ont des blancheurs d'hermines,
Tu porteras, un jour, la crosse et le camail,
Et tes frères craindront tes rages catholiques,
Loup superbe, rentré géant dans le bercail.
Oh ! quel effondrement d'espoirs hyperboliques,
Et quels rêves tués doivent joncher ton cœur,
Et quel rouge brasier doit enflammer ton torse,
Et quel étreignement doit te saisir, vainqueur,
Et te sécher la langue et te briser la force
Quand tu songes, le soir, aux jours qui sont passés !

Tu montais autrefois aux palais de la vie,
Le cerveau grandiose et les sens embrasés ;
Les beaux désirs ainsi qu'une table servie
S'étalaient devant toi sur des terrasses d'or ;
Des escaliers, dont les marches comme des glaives

Tournoyaient en spirale au fond du grand décor,
Servaient aux pieds ailés et joyeux de tes rêves,
Des sites langoureux et les vagues halliers,
Où flottaient doucement les écharpes des brumes,
Se découvraient du haut de superbes paliers,
Et des femmes, traînant leurs robes en écumes
Derrière elles, penchaient sous des velums lascifs
Toute leur chair vers tes amours et tes victoires.
Oh! que de seins tendus et de corps convulsifs
Tes beaux bras ont pliés dans leurs étreintes noires
Et tes baisers mordus pendant tes nuits d'ardeur!
Quel cortège voilé de pâles amoureuses
Ton souvenir éclaire à son flambeau rôdeur,
Et quels sanglots plaintifs d'éternelles pleureuses
Ton âme entend là-bas, au fond des soirs, gémir!
Mais tous ces désespoirs et toutes ces colères
Tu les veux, tu les dois, hors de ton cœur, vomir,
Et ton torse puissant, chargé de scapulaires,
Ne peut plus rien garder de sa folie en soi.
L'Église te proclame et t'appelle et t'élève;
Demain tu seras fort et solennel, la foi
Sera, comme un drapeau gonflé d'orgueil, ton rêve.

II

Toi, ton songe volait vers l'infini, tu fus
Quelque chercheur ardent, profond et solitaire,
Dans la science humaine et ses dogmes reclus.
Ton cerveau flamboyait aux choses de la terre,
Chaque minuit, quand sur les lacs pâles des cieux,
Comme de grands lotus blanchissaient les étoiles,
Tu regardais s'ouvrir la floraison des feux ;
Elles étaient pour toi sans mystères, ni voiles,
Et tu prenais pitié des pâtres pélerins
Dont l'âme avait tremblé devant ces fleurs fatales.
Toi, tu savais leur vie et marquais leurs destins,
Tes yeux avaient scruté leurs flammes végétales
Et ton esprit, hanté d'aurore et d'avenir,
Avait montré par où les rouges découvertes,
Avec leurs torches d'or, un jour, devraient venir,
Lorsque, soudain, passa dans les plaines désertes,
Où ton rêve volait comme un aigle, au milieu
Des suprêmes effrois et des blêmes vertiges,
Un vent qui t'abattit aux pieds d'airain de Dieu.

Ton front resta pâli de ces brusques prodiges,
Ton cœur se dégonfla de folie et d'orgueil,
Tu sentis le néant du mal et de l'envie
Et tes pas retournés te menèrent au seuil
Du cloître, où l'homme habite au delà de la vie.

III

Et toi, tu fus conquis par l'immobilité
Et le vide du cloître et les poids de silence
Qui pesant sur le cœur lèvent la volonté.
Les hommes te lassaient avec leur turbulence
Et leur clameur banale et leurs œuvres d'un jour.
Tes bras s'étaient meurtris à tordre des chimères,
Tes mains à pavoiser de tes désirs l'amour.
La vie, âpre total de nombres éphémères,
Tu ne la fixas plus que d'un regard d'adieu,
Et t'en allant, chargé d'orgueil et de pensée,
Loin du monde roulant sans idéal, sans Dieu,
Chrétien, tu ravalas ta suprême nausée.
Tu te marmorisas depuis et ton cerveau

Devint tranquille et pur et d'égale lumière.
Comme une lampe d'or aux parois d'un caveau,
Tu suspendis ton âme au temple, et ta prière
Y consuma son feu d'argent; ton front dompté
Ne s'appesantit plus sous la science vaine
Et ton corps se figea, vêtu d'éternité.
La nuit, quand tu songeais dans les stalles d'ebène,
Immobile et muet, inflexible et serein,
La foudre aurait roulé le long de la muraille
Que rien n'eût remué dans ta pose d'airain.
Tout ton esprit tendait vers l'ultime bataille,
Et ta mort fut superbe et magnifiquement
Tu fermas tes grands yeux aux choses de la terre
Et le tombeau t'emplit de son isolement,
Lutteur victorieux, tranquille et solitaire.

IV

Et toi, le sabre au poing tu courais dans la gloire,
Au galop clair sonnant de ton étalon roux,
Qui, les sabots polis et blancs comme l'ivoire,

Sautait dans la mêlée et mordait de courroux
Les nuages de poudre épars sur la bataille.
Tu passais, cavalier nerveux et halé d'or,
Aussi droit de fierté que superbe de taille,
L'audace t'emportait, au vent de son essor,
La peur ne mordait point tes moelles énergiques,
Tu portais ton orgueil ainsi qu'un gonfanon,
Et les soldats, épris de courages tragiques,
Savaient quel large éclair passait dans ton renom.

Tu traversas ainsi des guerres et des guerres
Et des assauts et des haines et des amours.

Maintenant les combats sont choses de naguères
Et ta vie a changé comme un fleuve de cours.

Et c'est toi que l'on voit là-bas, avec ta gaule,
Front nu, le corps étroit dans ton manteau ballant,
Arc-bouté de la main contre le tronc d'un saule,
Tenir sous garde et suivre au loin ton troupeau blanc
De vaches et de porcs baignés de brume rose,
Tes génisses paissant sur les terreaux déserts
Et tes grands bœufs, tassant leur croupe grandiose,
Dans la levée en fleur des longs herbages verts.

Et tel, moine soumis, qui vis auprès des bêtes,
Qui, repentant, as pris le chemin de la Foi,
Tu laisses la nature et son deuil et ses fêtes
Entrer avec son calme et sa douceur en toi.
Pourtant, quand tu reviens, le soir, vers l'oratoire
Et que dorment déjà les étables, parfois
Un clairon très lointain sonne dans ta mémoire
Le défilé guerrier des choses d'autrefois,
Et ton esprit s'échauffe à ces soudains mirages
Et tes yeux, réveillés de leur claustral sommeil,
Suivent longtemps, là-bas, la charge des nuages,
Qui vont les flancs troués des glaives du soleil.

SOIR RELIGIEUX

Un silence souffrant pénètre au cœur des choses,
Les bruits ne remuent plus qu'affaiblis par le soir,
Et les ombres, quittant les couchants grandioses,
Descendent, en froc gris, dans les vallons s'asseoir.

Un grand chemin désert, sans bois et sans chaumières,
A travers les carrés de seigle et de sainfoin,
Prolonge en son milieu ses deux noires ornières
Qui s'en vont et s'en vont infiniment au loin.

Dans un marais rêveur, où stagne une eau brunie,
Un dernier rais se pose au sommet des roseaux;
Un cri grêle et navré, qui pleure une agonie,
Sort d'un taillis de saule où nichent des oiseaux;

Et voici l'angelus, dont la voix tranquillise
La douleur qui s'épand sur ce mourant décor,
Tandis que les grands bras des vieux clochers d'église
Tendent leur croix de fer par-dessus les champs d'or.

LES MATINES

Moines, vos chants d'aurore ont des élans d'espoir,
Et des bruits retombants de cloche et d'encensoir :

Quand les regards, suivant leur route coutumière,
Montent vers les sommets chercher de la lumière ;

Quand le corps, dégourdi des langueurs du réveil,
Comme un jardin d'été se déplie au soleil ;

Quand le cerveau, tiré des sommeils taciturnes,
Secoue au seuil du jour ses visions nocturnes,

Quand il reprend sur lui la charge de penser,
Et que l'aube revient d'orgueil le pavoiser;

Quand l'amour, revenu des alcôves aux plaines,
Berce des oiseaux d'or dans ses douces haleines;

Quand peuplant de regards les loins silencieux,
Les souvenirs charmeurs nous fixent de leurs yeux;

Quand notre corps se fond dans la volupté d'être
Et que de nouveaux sens lui demandent à naître :

Moines, vos chants d'aurore ont des élans d'espoir
Et des bruits retombants de cloche et d'encensoir.

LES VÊPRES

Moines, vos chants du soir roulent parmi leurs râles
Le flux et le reflux des douleurs vespérales.

Lorsque dans son lit froid, derrière sa cloison,
Le malade redit sa dernière oraison;

Lorsque la folie arde au cœur les lunatiques,
Et que la toux mord à la gorge les étiques;

Lorsque les yeux troublés de ceux qui vont mourir,
Tout en songeant aux vers, voient le couchant fleurir;

Lorsque pour les défunts, que demain l'on enterre,
Les fossoyeurs, au son du glas, remuent la terre ;

Lorsque dans les maisons closes on sent les seuils
Heurtés lugubrement par le coin des cercueils ;

Lorsque dans l'escalier étroit montent les bières
Et que la corde râcle au ras de leurs charnières ;

Lorsqu'on croise à jamais, dans la chambre des morts,
Le linceul sur leurs bras, leurs bras sur leurs remords ;

Lorsque les derniers coups de la cloche qui tinte
Meurent dans les lointains, comme une voix éteinte,

Et qu'en fermant les yeux pour s'endormir, la nuit
Etouffe, entre ses cils, la lumière et le bruit :

Moines, vos chants du soir roulent parmi leurs râles
Le flux et le reflux des douleurs vespérales.

MÉDITATION

Heureux ceux-là, Seigneur, qui demeurent en toi :
Le mal des jours mauvais n'a point rongé leur âme,
La mort leur est soleil et le terrible drame
Du siècle athée et noir n'entame point leur foi.

Tout œuvre se disjoint, toute gloire s'efface ;
Ce que sont devenus les claironneurs d'orgueil,
Demandez-le, vous tous, qui franchissez le seuil
De leurs tombeaux, aux vers qui leur rongent la face.

Les jours sont engloutis par les prompts lendemains ;
Toute joie entre une heure et s'éloigne et s'exile,
Vous qui marchez, serrant votre bonheur stérile,
Déjà le dégoût coule et sort d'entre vos mains.

Toute science enferme au fond d'elle le doute,
Comme une mère enceinte étreint un enfant mort,
Vous qui passez, le pied hardi, le torse fort,
Chercheurs, voici le soir qui vous barre la route.

Toute chair est fragile et son déc'in est tel
Que jeune, elle est déjà maudite en ses vertèbres ;
Quels crocs ont déchiré l'orgueil des seins célèbres ?
Vous qui passez, songez aux chiens de Jézabel !

AGONIE DE MOINE

Faites miséricorde au vieux moine qui meurt,
Et recevez son âme entre vos mains, Seigneur.

Quand ses maux lui crieront que sa vie en ce monde
A fini de creuser son ornière profonde ;

Quand ces regards vitreux, obscurcis et troublés,
Enverront leurs adieux vers les cieux étoilés ;

Quand se rencontrera dans les affres des fièvres,
Une dernière fois, votre nom sur ses lèvres ;

Quand il s'affaissera pâle, brisé d'effort,
La chair épouvantée à l'aspect de la mort;

Quand, l'esprit obscurci du travail des ténèbres,
Il cherchera la croix avec des mains funèbres;

Quand on recouvrira de cendres son front ras
Et que pour bien mourir on croisera ses bras;

Quand on lui donnera pour suprême amnistie,
Pour lampe de voyage et pour soleil l'hostie;

Quand les cierges veillants pâliront de lueurs
Son visage lavé des dernières sueurs;

Quand on abaissera sa tombante paupière,
A toute éternité, sur son lobe de pierre;

Quand, raides et séchés, ses membres verdiront,
Et que les premiers vers en ses flancs germeront;

Quand on le descendra, sitôt la nuit tombée,
Parmi les anciens morts qui dorment sous l'herbée;

Quand l'oubli prompt sera sur sa fosse agrafé,
Comme un fermoir de fer sur un livre étouffé :

Faites miséricorde à son humble mémoire,
Seigneur, et que son âme ait place en votre gloire !

MORT CHRÉTIENNE

Qu'il te soit fait hommage et gloire, ô mort chrétienne !
Parmi les biens du temps seule réalité,
Seul pain spirituel dont le cœur entretienne,
Sur la terre, son fixe orgueil d'éternité ;

Qu'il te soit fait hommage et gloire, ô mort austère,
A toute heure qui vient et passe, à tout moment,
Toi, dont l'autel d'ébène appuyé sur la terre
Mêle sa flamme à la pâleur du firmament.

Qu'il te soit fait hommage à travers les années,
Grave ensevelisseuse ! O mort ! O noir amour !
Qui dans tes maigres mains détiens les destinées
Et qui remplis de ciel les yeux défunts au jour ;

Qu'on te louange ! O mort pieuse et baptisée !
Mort, qui portes en toi la tristesse des soirs,
Mort sereine, gerbant au fond de la pensée,
Dans les vallons du cœur, la moisson des lys noirs.

Mort des moines, mort des martyrs et mort des vierges,
Hosannas traversant d'un vol les cieux hautains,
O mort, ceinte de feux, de prière et de cierges,
O mort qui fais la vie ! O mort qui fais les saints !

Le juste ne craint pas ta fidélité sombre,
Il regarde au delà des horizons flottants :
Que sont les ans ? Une ombre errant après une ombre
Dans le brouillard trompeur de l'espace et du temps.

LE CIMETIÈRE

Sous ce terrain perdu que les folles avoines
Et les chiendents et les sainfoins couvrent de vert,
On enterrait — voici quatre siècles — des moines
Les mains jointes, le front du capuchon couvert,
Le corps enveloppé de la pudeur des laines.
Ils s'endormaient dans un calme sacerdotal
Et rien ne leur venait ni des mers, ni des plaines,
Qui pût troubler leur long sommeil horizontal.
Alors comme aujourd'hui, les larges moissons mûres
Charriaient leur marée autour des loins d'argent,
Où luisaient des clochers ainsi que des armures.
L'enclos funèbre avait le même aspect changeant,

La terre ocreuse était de micas chatoyée,
La même croix d'airain, que midi faisait d'or,
Tenait sur ses grands bras sa douleur déployée
Et semblait un oiseau qui prend un tel essor
Qu'il atteindra le ciel, d'un seul coup d'aile immense.

Depuis, les morts nouveaux ont écrasé les vieux
Et toujours cet enclos que le deuil ensemence
S'étend, vierge et muet, vide et silencieux,
Mêlant et remêlant les cendres aux poussières,
Les défunts aux défunts, les débris aux débris,
Sous le même soleil et les mêmes prières ;
Toujours les blés houleux entourent son mur gris.
Toujours sous le manteau de ses folles avoines,
De ses chiendents soyeux et de son gazon vert,
Il tient caché les corps des abbés et des moines,
Les mains jointes, le front du capuchon couvert.
Et cette antiquité de deuil réglementaire,
Ces mêmes morts toujours à d'autres succédant,
Qui rendirent jadis cet enclos légendaire,
Ont maintenu, dans notre âge de doute ardent,
Autour du deuil chrétien de ces trépas superbes,
Mystérieusement couchés dans ce coin noir,
Les mêmes bruits pieux de vent parmi les herbes

Et d'oiseaux clairs rythmant leurs chansons dans le soir.
Pourtant, par les beaux mois d'été glacés de lune,
Sous un ciel reluisant d'or et d'argent poli,
Ce lieu répand encor sa hantise importune,
Et lorsque les brouillards montent du sol pâli
Et s'étendent, sur les tombes, en blanc suaire,
On voit, là-bas, de grands moines se rassembler,
Se saluer le front par terre et s'en aller
Par la vague terreur de la nuit mortuaire.

AUX MOINES

Et maintenant, pieux et monacaux ascètes,
Qu'ont revêtus mes vers de longs et blancs tissus,
Hommes des jours lointains et morts, hommes vaincus
Mais néanmoins debout encor, hommes poètes,
Qui ne souffrez plus rien de nos douleurs à nous,
Rien de notre orgueil roux, rien de notre paix noire,
Qui vivez les yeux droits sur votre Christ d'ivoire,
Tel que vous devant lui, l'âme en flamme, à genoux,
Le front pâli du rêve où mon esprit s'obstine,
Je vivrai seul aussi, tout seul, avec mon art,
Et le serrant en mains, ainsi qu'un étendard,
Je me l'imprimerai si fort sur la poitrine,
Qu'au travers de ma chair il marquera mon cœur.

Car il ne reste rien que l'art sur cette terre
Pour tenter un cerveau puissant et solitaire
Et le griser de rouge et tonique liqueur.

Quand tout s'ébranle ou meurt, l'Art est là qui se plante
Nocturnement bâti comme un monument d'or,
Et chaque soir, que, dans la paix, le jour s'endort,
Sa muraille en miroir grandit étincelante
Et d'un reflet rejette au ciel le firmament.
Les poètes, venus trop tard pour être prêtres,
Marchent vers les lueurs qui tombent des fenêtres
Et reluisent ainsi que des plaques d'aimant.
Le dôme ascend si haut que son faîte est occulte,
Les colonnes en sont d'argent et le portail
Sur la mer rayonnante ouvre au loin son vantail
Et le plain-chant des flots se mêle aux voix du culte.
Le vent qui passe et qui s'en vient de l'infini
Effleure avec des chants mystérieux et frêles
Les tours, les grandes tours, qui se toisent entre elles
Comme des géants noirs de force et de granit,
Et quiconque franchit le silence des porches
N'aperçoit rien, sinon, au fond, à l'autre bout,
Une lyre d'airain qui l'attend là, debout,
Immobile, parmi la majesté des torches.

Et ce temple toujours pour nous subsistera
Et longtemps et toujours luira dans nos ténèbres,
Quand vous, les moines blancs, les ascètes funèbres
Aurez disparu tous en lugubre apparat,
Dans votre froc de lin et votre aube mystique,
Au pas religieux d'un long cortège errant,
Comme si vous portiez à votre Dieu mourant,
Au fond du monde athée, un dernier viatique.

SOIR RELIGIEUX

Près du fleuve roulant vers l'horizon ses ors
Et ses pourpres et ses vagues entre-frappées,
S'ouvre et rayonne, ainsi qu'un grand faisceau d'épées,
L'abside ardente avec ses sveltes contreforts.

La nef allume auprès ses merveilleux décors :
Ses murailles de fer et de granit drapées,
Ses verrières d'émaux et de bijoux jaspées
Et ses cryptes, où sont couchés des géants morts ;

L'âme des jours anciens a traversé la pierre
De sa douleur, de son encens, de sa prière
Et resplendit dans les soleils des ostensoirs ;

Et tel, avec ses toits lustrés comme un pennage,
Le temple entier paraît surgir au fond des soirs,
Comme une châsse énorme, où dort le moyen âge.

TABLE

LES BORDS DE LA ROUTE

DÉCORS TRISTES

LE GEL.	9
LES BRUMES	10
SUR LA COTE	12
LES CORNEILLES	13
VAGUEMENT	15
VÉNUS ARDENTE	17
LES CIERGES	19

KATO

HOMMAGE	23
CANTIQUES	27
AU CARREFOUR DE LA MORT	31

FRESQUES

LES VIEUX ROIS	39
SOUS LES PRÉTORIENS	41
LÉGENDES	43
LES PREUX	45
SOIR DE CAVEAU	47
ARTEVELDE	49
LA NUIT	51
APREMENT	53
LA GRILLE	57
OBSCURÉMENT	59
LES HORLOGES	61
MINUIT BLANC	63
PARABOLE	64
LA BARQUE	66

LES PAROLES MORNES

DES SOIRS	71
SAIS-JE OU ?	73
COMME TOUS LES SOIRS	75
L'HEURE MAUVAISE	77
LES RIDEAUX	79
VERS	84

SONNET.	87
LA-BAS.	88
SILENCIEUSEMENT	89
UN SOIR.	92
QUELQUES-UNS.	95

LES FLAMANDES

LES VIEUX MAITRES.	99
LA VACHÈRE	104
ART FLAMAND.	107
LES PLAINES.	112
KATO.	121
LA FERME.	125
L'ENCLOS.	126
DIMANCHE MATIN.	127
LES GRANGES.	128
LES VERGERS.	129
L'ABREUVOIR.	130
LE LAIT.	131
LES GUEUX.	132
LES PORCS.	133
CUISSON DU PAIN.	134
LES RÉCOLTES.	135

LA GRANDE CHAMBRE.	136
LA CUISINE.	137
LES GRENIERS.	138
L'ÉTABLE.	139
LES ESPALIERS	140
EN HIVER.	141
TRUANDAILLES	142
LA VACHE.	145
LES PAYSANS.	149
MARINES.	160
AMOURS ROUGES.	164
LES FUNÉRAILLES.	168
LES VIEILLES.	172
AUX FLAMANDES D'AUTREFOIS.	175

LES MOINES

LES MOINES.	179
VISION.	181
SOIR RELIGIEUX.	184
LES CRUCIFÈRES.	186
SOIR RELIGIEUX.	188
MOINE ÉPIQUE.	190

MOINE DOUX	195
FÊTES MONACALES	197
L'HÉRÉSIARQUE	206
LES CLOITRES.	210
CROQUIS DE CLOITRE	215
MOINE SIMPLE.	216
AUX MOINES	219
CROQUIS DE CLOITRE	222
SOIR RELIGIEUX	223
CROQUIS DE CLOITRE	225
RENTRÉE DES MOINES	226
CROQUIS DE CLOITRE.	231
MOINE SAUVAGE	232
SOIR RELIGIEUX	235
MOINE FÉODAL	236
CROQUIS DE CLOITRE.	238
UNE ESTAMPE.	239
CROQUIS DE CLOITRE	242
MÉDITATION	243
LES CONVERSIONS.	246
SOIR RELIGIEUX	254
LES MATINES	256
LES VÊPRES	258
MÉDITATION	260

AGONIE DE MOINE 262
MORT CHRÉTIENNE 265
LE CIMETIÈRE 267
AUX MOINES 270
SOIR RELIGIEUX 273

ACHEVÉ D'IMPRIMER

le six décembre mil huit cent quatre-vingt quinze

PAR

L'IMPRIMERIE Vve ALBOUY

POUR LE

MERCVRE

DE

FRANCE

EXTRAIT DV CATALOGVE
DES PVBLICATIONS
DV
MERCVRE DE FRANCE

Envoi franco contre chèque, mandat ou timbres-poste

COLLECTION IN-18 JÉSUS A 3 FR. 50

(V. au dos de la couverture)

FORMATS ET PRIX DIVERS

Nouveautés

Charles Guérin
Le Sang des Crépuscules, poésies, avec un Prélude en musique de 32 pages par PERCY PITT . . . . 5 fr. »

A.-Ferdinand Herold
Le Livre de la Naissance, de la Vie et de la Mort de la Bienheureuse Vierge Marie, orné de 57 dessins de PAUL RANSON . . . . 6 fr. »
Paphnutius, comédie de HROTSVITHA, trad. du latin, orné de de dessins de PAUL RANSON, K.-X. ROUSSEL et ALFONS HEROLD. 2 fr. »

François Jammes
Un Jour, un acte en vers, suivi de poésies . . . . 2 fr. »

Alfred Jarry
César-Antechrist . . . . 3 fr.

Albert Mockel
Émile Verhaeren, avec une Note biographique par FRANCIS VIELÉ-GRIFFIN . . . . 2 fr.

Yvanhoé Rambosson
Le Verger doré, poésies . . . . 3 fr. »

Auguste Strindberg
Introduction à une Chimie unitaire (Première esquisse) . . . 1 fr. »

Formats, chiffre des tirages, nombre d'exemplaires de luxe au Catalogue complet des Publications du « Mercure de France ». — Envoi franco sur demande.

Librairie

G.-Albert Aurier

Œuvres Posthumes, un fort volume in-8 contenant quatre livres. — I. *Ailleurs*, roman; II. *Les Poèmes*; III. *Les Affranchis*, études et critiques d'art; IV. *Mélanges*. Notice de REMY DE GOURMONT. Portrait de G.-Albert Aurier (eau-forte) par A.-M. LAUZET. Lithographies (dans les ex. de luxe) d'EUGÈNE CARRIÈRE et de HENRY DE GROUX. Dans tous les exemplaires, dessins et croquis de VINCENT VAN GOGH, EMILE BERNARD, PAUL SÉRUSIER, JEANNE JACQUEMIN, PAUL VOGLER. Quatre croquis de G.-ALBERT AURIER. . . . . 12 fr. »

Henry Bataille

La Chambre blanche, poésies, Préface de MARCEL SCHWOB. . . 2 fr. »

Aloysius Bertrand

Gaspard de la Nuit . . . . 3 fr. 50

Léon Bloy

Ici, on assassine les Grands Hommes, avec portrait et autographe d'ERNEST HELLO . . . . 1 fr. 50

Gaston Danville

Contes d'Au-Delà, orné de 20 vignettes de L. CABANES . . . . 6 fr. »

Louis Denise

La Merveilleuse Doxologie du Lapidaire (exemplaires pourpres) 3 fr. »

Tola Dorian

Vespérales, poésies. . . . . 2 fr. 50

Louis Dumur

La Motte de Terre, 1 acte en prose. 2 fr. »
La Nébuleuse, 1 acte en prose . . 2 fr. »

André Fontainas

Nuits d'Épiphanies, poésies . . 3 fr. »

Paul Fort

Il y a là des cris, poésies . . . 3 fr. 50

Charles Froment

Virginité Fin-de-Siècle, drame en 4 tableaux. . . . . 3 fr. 50

Remy de Gourmont

Le Latin mystique, 3me édition, Préface de J.-K. HUYSMANS, couverture ornée d'un dessin de FILIGER. 10
Le Fantôme, 2me édition, orné de 2 lithographies de HENRY DE GROUX. . . . . 4 fr. »
Théodat, poème dramatique en prose, couv. d'après une étoffe byzantine . . . . 2 fr. 50
L'Idéalisme, avec un dessin de FILIGER. . . . . 2 fr. 50
Fleurs de Jadis . . . . 2 fr. 50
Histoires Magiques, 2me édition, avec une lithographie de HENRY DE GROUX. . . . . 3 fr. 50
Histoire tragique de la Princesse Phénissa, expliquée en quatre épisodes . . . . 2 fr. 50
Proses Moroses . . . . 3 fr. »
Le Château singulier, orné de 32 vignettes en rouge et en bleu. . 2 fr. 50
Phocas, avec une couverture et 3 vignettes par l'auteur. . . . . 2 fr. »

A.-Ferdinand Herold

La Légende de Sainte Liberata, mystère. . . . . 2 fr. »

Charles-Henry Hirsch

Priscilla, poème. . . . . . . 2 fr. »

Alfred Jarry

Les Minutes de Sable Mémorial, orné d'un frontispice et de gravures sur bois. . . . . 4 fr. »

André Lebey

Les Poésies de Sapphô, traduites en entier pour la première fois. 2 fr. »
La Scène, 1 acte en prose . . . 2 fr. »

Pierre Louÿs

Astarté, poèmes, couv. en couleurs de A. BESNARD. . . . . . . 10 fr. »
Léda. . . . . 3 fr. »
Ariane . . . . 3 fr. »
La Maison sur le Nil . . . . . 3 fr. »
Chrysis . . . . 3 fr. »
Poésies de Méléagre (traduction). 3 fr. »
Scènes de la Vie des Courtisanes de LUCIEN (traduction) . . . 3 fr. »
Les Chansons de Bilitis . . . . 10 fr. »

Formats, chiffre des tirages, nombre d'exemplaires de luxe : au Catalogue complet des Publications du « Mercure de France ». — Envoi franco sur demande.

Roland de Marès
En Barbarie, contes . . . . fr. »
L'Ame d'Autrefois, poésies . . . fr. 50

Alfred Mortier
La Vaine Aventure, poésies, couv. lith. en couleurs par GEORGES DE FEURE . . . . 3 fr. »

Georges Polti
Les 36 Situations dramatiques . 3 fr. 50

Pierre Quillard
Les Lettres rustiques de Claudius Ælianus, Prénestin, traduites du grec, avec un Avant-propos et un Commentaire latin . . . . 2 fr. »

Rachilde
Le Démon de l'Absurde, 2me édition, Préface de MARCEL SCHWOB, portrait de l'auteur, reproduction autographique de 12 pages de manuscrit . . . . 3 fr. 50

Henri de Régnier
Le Trèfle noir . . . . 2 fr. 50

Jules Renard
Le Vigneron dans sa Vigne . . . 2 fr. »

Lionel des Rieux
Les Amours de Lyristès, poésies épigrammatiques . . . . 2 fr. »

Léon Riotor
Les Raisons de Pascalin . . . . . 10 fr. »

Saint-Pol-Roux
L'Ame noire du Prieur blanc, légende dramatique . . . . 5 fr. »
Épilogue des Saisons Humaines . 3 fr. »
Les Reposoirs de la Procession, avec le portrait de l'auteur . . . 4 fr. »

Albert Samain
Au Jardin de l'Infante, poésies, 2me édition . . . . 4 fr. »

Marcel Schwob
Mimes, 2me édition . . . . 3 fr. »
Annabella et Giovanni . . . . 1 fr. »

Francis Vielé-Griffin
Πάλαι, poèmes . . . . 2 fr. »
Laus Veneris, poème de A.-CH. SWINBURNE, (traduction) . . . . 2 fr. »

Fac-similés autographiques

Remy de Gourmont
Hiéroglyphes, poèmes, manuscrit autographique de 19 feuillets in-folio oblong (o m. 34 sur o m. 44), avec une lithographie originale de HENRY DE GROUX en frontispice . . . . 25 fr. »

Pierre Quillard
La Fille aux mains coupées, poème dramatique, manuscrit de 32 pages in-8 raisin, titre en typographie . . . . 10 fr. »

Eau-forte

A.-M. Lauzet
La Fin d'un Jour, d'après un pastel de Mme JEANNE JACQUEMIN, format du *Mercure* . . . . 1 fr. 25

Portrait de G.-Albert Aurier, avant lettre: in-8 . . . . 3 fr. »

Formats, chiffre des tirages, nombre d'exemplaires de luxe : au Catalogue complet des Publications du « Mercure de France ». — Envoi franco sur demande.

Enluminure

Filiger
Vierge à l'Enfant, miniature copiée | la main............ 3 fr.

Lithographie

Henry de Groux
Quelques exemplaires sur chine de la lithographie donnée avec les | volumes de luxe des *Œuvres Posthumes* du G.-Albert Aurier. In-8................ 5 fr.

Demandez
LE CATALOGUE COMPLET
des Éditions
du
MERCVRE
de
FRANCE

—

Envoi franco

PVBLICATIONS DV MERCVRE DE FRANCE

Envoi franco contre chèque, mandat ou timbres-poste

Collection in-18 jésus à 3 fr. 50 le volume

Henri de Régnier	*Poèmes, 1887-1892* (Poèmes anciens et romanesques, Tel qu'en songe, augmentés de plusieurs poèmes).	1 vol.
Emile Verhaeren	*Poèmes* (Les Bords de la Route, Les Flamandes, Les Moines, augmentés de plusieurs poèmes)	1 vol.
Francis Vielé-Griffin	*Poèmes et Poésies* (Cueille d'Avril, Joies, Les Cygnes, Fleurs du Chemin et Chansons de la Route, La Chevauchée d'Yeldis, augmentés de plusieurs poèmes)	1 vol.

EN PRÉPARATION :

Pierre Louys	*Aphrodite*, roman	1 vol.
Maurice Maeterlinck	*Le Trésor des Humbles*	1 vol.
Hugues Rebell	*De mon Balcon* (Notes sur les idées et les mœurs de mes Contemporains, 1892-95)	1 vol.

Envoi franco, sur demande, du Catalogue complet

MERCVRE DE FRANCE
(Série moderne)

RECVEIL DE LITTÉRATVRE ET D'ART

paraît tous les mois en livraisons de 130 pages au moins, et forme dans l'année 4 volumes in-8, avec tables.

Prix du Numéro :
France : 1 fr. 25 — Union : 1 fr. 50

ABONNEMENTS

FRANCE		UNION POSTALE	
Un an	12 fr.	Un an	15 fr.
Six mois	7 »	Six mois	8 50
Trois mois	4 »	Trois mois	5 »

Tirage sur Japon impérial . . (un an). 50 fr. »

On s'abonne *sans frais* dans tous les bureaux de poste en France (Algérie et Corse comprises), et dans les pays suivants : Belgique, Danemark, Italie, Norvège, Pays-Bas, Portugal, Suède, Suisse.

www.ingramcontent.com/pod-product-compliance
Lightning Source LLC
Chambersburg PA
CBHW070752170426
43200CB00007B/746